元号

年号から読み解く日本史

所 功　久禮旦雄　吉野健一

文春新書

1156

はじめに　――元号（年号）とは何か――

我が国には歴史ファンが多い、といわれている。確かに本屋さんを覗くと、歴史関係の新刊書や特集雑誌が続々現われ、テレビでも時代劇や歴史物番組の視聴率が高いという。

ところが、受験生のなかに「歴史は〝年号〟を覚えないといけないから面倒くさい」などと敬遠する人も少なくない。しかし、その〝年号〟というのは、数字の並ぶ〝西暦〟のことを指すらしく、これから本書でとりあげる元号（年号）ではないようである。

そこで、タイトルは「元号」としたが、本来は「年号」であり、両者をほぼ同義語として併用する。「年号」は、年数の上に良い漢字（ほとんど二字）を冠して年を表わす称号であり、その年号は、色々な理由で「改元」（元(はじめ)の年を改定）されてきたから「元号」ともいう。制度史上は、八世紀初めの「律令法」により「年号」が公用され、十九世紀中ごろの「明治」改元で「一世一元」となって以来「元号」が公称とされている。

このような元号（年号）は、現在の歴史書にも数多く登場する。ちなみに、「文部科学省検定済教科書」は、中学の社会科「歴史」でも、高校の地理歴史科「日本史」をみても、その過半数に出る主要な歴史用語として、元号（年号）を含むものが少くない。その一部を表示すれば、次の通りである（全国歴史教育研究協議会編・山川出版社刊の高校『日本史Ⓐ Ⓑ用語集』参照）。

〈飛鳥・奈良・平安時代（7〜12世紀）〉
大化改新（乙巳の変）　白鳳文化　大宝律令　養老律令　和同開珎　天平文化　延暦寺　弘仁格式　弘仁・貞観文化　承和の変　貞観格式　延喜格式　延喜・天暦の治　承平・天慶の乱　安和の変　延久の荘園整理令　保元の乱　平治の乱　保元物語　平治物語　治承・寿永の乱

〈鎌倉・南北朝・室町時代（13〜16世紀前半）〉
建仁寺　承久の乱（変）　貞永式目　宝治合戦　建長寺（建長寺船）　文永の役　弘安の役　永仁の徳政令　元亨釈書　正中の変　元弘の変　建武の新政　建武年中行事　建武式目　観応の擾乱　応永の外寇　正長の土一揆　永享の乱　嘉吉の乱　享徳の乱　応仁・文明の乱　天文法華の乱

〈安土桃山・江戸時代（16世紀後半〜19世紀中頃）〉

天正遣欧使節　天正の石直し　天正大判　文禄の役　慶長の役　慶長勅版　慶長遣欧使節　慶長金銀　元和大殉教　寛永の大飢饉　寛永の鎖国令　寛永通宝　寛永寺　慶安の御触書　明暦の大火　貞享暦　元禄文化　元禄金銀　正徳金銀　正徳の治　正徳新令　享保の改革　享保の飢饉　宝暦事件　明和事件　天明の飢饉　寛政の改革　寛政暦　寛政異学の禁　化政（文化・文政）文化　天保の飢饉　天保の改革　安政の五カ国条約　安政の大獄　文久の改革　慶応義塾（※近代の学校名は別掲）

〈東京時代（19世紀後半〜21世紀初め）〉

明治維新　明治天皇　明示通宝札（新貨幣）　明六社　明治六年の（征韓論）政変　明治十四年の政変　明治（大日本帝国）憲法　明治美術会　大正天皇　大正政変　大正デモクラシー　昭和天皇　昭和恐慌　昭和維新　平成不況

　これでもやはり面倒だと思う人はあろうが、高校日本史用語（約五千）の二％弱にすぎない。むしろ、これらは日本史上のキイワードだから、いったん覚えてしまえば、歴史の流れが判りやすくなるのではないか。年号の代りに西暦を用いて、たとえば「六四五年の改新」とか「七〇一年律令」といえば、一見正確な表現となるが、味も素っ気もない。それは各自を識別するのに必要な文字のネーム（氏名）と個人を特定する数字のマイナンバーとの違いに類する。

元号（年号）は、良好な漢字（ほとんど二文字）を選んで年数に冠する〝年の名前〟である。従って、それぞれに個性があり意味をもっている。だから、いったん覚えたら、ほとんど忘れない。まして少し由緒を頭に入れておけば、その時期や出来事などへの興味が高まることであろう。

たとえば、三十年目を迎えた「平成」元号は、昭和六十四年（一九八九）一月七日朝、天皇（八十七歳八カ月余り）の崩御直後、政府が「改元」の最終手続きを整えて、午後二時半に公表され、翌八日午前零時から施行された。その際、政府から、「この〝平成〟には、国の内外にも天地にも平和が達成される、という意味がこめられており、これからの新しい時代の元号とするに最もふさわしい」と説明されている。

この「平成」元号は、従来どおり漢籍の中から良い意味の漢字二字を取り出しうまく組み合せたものが選び定められたのである。それ以来、われわれ日本人は「平和が達成される」ことを理想に掲げながら、三十年ほど歩んできたことになろう。

もちろん、現実にはその理想どおりに進むことは難しい。しかし、少くとも今上陛下は

「天皇の務めとして、何よりもまず国民の安寧と幸せを祈ることを大切に考えて来」られた（二〇一六年八月八日の「おことば」）ことは確かである。その積極的なお務めにより、多くの人々に心の安らぎをもたらされ、また国際的にみても、より平和な日本のイメージ向上に貢献されてきたことは、おそらく後世、相応に評価されるものと想われる。

この天皇が八十代半ばという「高齢」ゆえに、平成三十一年（二〇一九）四月三十日限りで「譲位」されることになった。それに伴って「平成」元号もゴールを迎え、新しい天皇陛下のもとで新しい元号がスタートする。そして上皇陛下は、崩御後に「平成天皇」と追称され、またこの三十年余りは〝平成時代〟と呼ばれることになろう。

とすれば、元号（年号）は、古代以来の日本歴史を理解するにも大事な手懸りであり、また天皇を「日本国民統合の象徴」と定める現行憲法のもとで、日本における紀年法（年の表わし方）として、今後とも重要な意味をもっているといえよう。

その千数百年にわたる歩みを、できるだけ判り易く解き明かすことに努めたい。

凡例

一、本書では歴史的な論拠を示すため、原史資料を随所に引用したが、少しでも読み易くするため、漢文体は書き下し文とし（常用漢字、歴史的仮名遣い）、読み難い漢字に振り仮名を打ち（一部は平仮名に）、片仮名を平仮名に改め、濁点・句読点などを加えた。

一、先行研究の著書や論文などは一々詳細に明記すべきところ、新書の性格と分量の都合により、必要最小限の氏名（一部文献名）を挙げるに留めたが、その多くを別著『日本年号史大事典』（平成二十六年、雄山閣）に列挙したのでご参照頂きたい。

一、文中の人物の年齢を（ ）内に書き加える場合、明治初年までは数え、それ以降は満で示した。また元号（年号）のある時期の年次は、もちろん元号（年号）を主とし、（ ）内に西暦を補ったが、西暦の世紀で示したところも少くない。

元号　年号から読み解く日本史　◎目次

第五章　近世にも生き続けた年号

一　「天下人」の関与した年号

1　織田信長と「天正」改元

2　豊臣秀吉と「文禄」「慶長」改元

3　徳川家康と異例の「元和」改元

二　江戸時代の朝幕協力改元

1　「寛永」改元と「将軍代始」

2　制度の整備と『改元物語』

3　年号改元にみる朝幕関係

4　改元費用の在り方

三　幕末の世相を映す改元

1　「黒船」の渡来と「安政」改元

第一章　漢字文化圏の暦と年号

漢の武帝（『三才図会』国立国会図書館デジタルコレクション）

一　「暦」に記される年月日

■1　漢字文化の思想と制度

元号（年号）は、漢字文化のひとつである。古代中国で発明された漢字は、殷代から形作られた表意文字が基本となっている。

古代中国の人々は、それを使ってさまざまの考えや決まりなどを書き記し、そのような文化を国内外にも後世にも伝えてきた。独自の文字をもたなかったわが国も、その恩恵にあずかり、それを使いこなすのみならず、そこから片カナや平がなを創り出している。

漢字文化として今なお重要なものは、周代からまとめられた儒学の経典（けいてん）、インドから中国・朝鮮を経てもたらされた漢訳の仏典、儒家と法家により整えられた律令の法典、年月日や時間を正しく表わす暦法などである。

それらがわが国に伝わったのは、いわゆる大和時代（およそ六世紀まで）とみられる。漢字自体は、漢代ころから外交関係をもった北九州の豪族たちが、外交文書などで知り学び始めたにちがいない。ただ『古事記』『日本書紀』によれば、応神天皇朝（四世紀後半ころ）に朝鮮の百済から博士の王仁（わに）が「千字文」と『論語』を伝え、また継体天皇朝（六世紀初めころ）に百済から来た博士が五経（易経、詩経、書経、礼記、春秋）を講じたという。

ついで仏教は、継体天皇朝ころから民間に伝わっていたという説がある。ただ、『日本書紀』には、欽明天皇朝（六世紀中ごろ）に百済の聖明王から仏像などと共に仏典が贈られてきたとあり、その仏典は漢訳経にちがいない。

さらに律令の法制は、推古天皇朝（七世紀初めころ）に隋から学んで「冠位」や「憲法」が定められた。ついで天智・天武両天皇朝（七世紀後半）に唐から学んで律（刑法）も令（行政法）も整えられた。やがて文武天皇朝（八世紀初め）に「大宝律令」（まもなく「養老律令」）が完成している。

このような儒教や仏教の思想・信仰を伝える典籍が伝わり、また律令の制度を纏（まと）めた法典の成立に前後して、時間を秩序づける「暦」も受け入れられた。それは中国の南朝と外交関係をもった「倭の五王」（ほぼ五世紀）のころにさかのぼる。しかも、『日本書紀』によれば、欽明天皇十四年（五五三）に百済から「暦博士（れきはかせ）」が来日しており、また推古天皇十年（六〇二）には百済から僧観勒が来日し、天文や暦法を学生たちに教えている。

■2「元嘉暦」「儀鳳暦」の伝播

こうして五〜六世紀ころから日本へもたらされたのは、中国南朝の宋において作られた「元嘉暦」（四四五年始用）である。『日本書紀』の雄略天皇（五世紀中ごろ）以降の記事は「元嘉暦」に依拠しているとみられる。またこれを学ばれた中大兄皇子は、斉明天皇六年（六六〇）「初めて漏剋（水時計）を造り、民をして時を知らしむ」（『日本書紀』）に至ったという。

しかし、やがて唐で作られた「儀鳳暦」（六六五年始用）が、早々に日本へ伝わり、文武天皇元年（六九七）から公用されている。それが地方にも伝わっていた一例は、栃木県の「那須国造碑」に次のごとく刻まれている。

永昌元年巳丑（六八九）四月、飛鳥浄御原大宮の那須国造……評督（のちの郡司）を賜はり、歳次庚子年（七〇〇）正月二壬子日辰節殄（死）す。……

持統女帝～文武天皇初期（六八七～七〇〇）は、後述のように日本年号の中断期であった。そのため、当時、持統上皇に影響を与えたという則天武后の「永昌」年号を使っているのも興味深い。この月日は「儀鳳暦」に一致する（大谷光男氏『古代の暦日』雄山閣）。

こうして受容された中国伝来の暦本には、冒頭に年号を掲げ、一年の日数などが記されていた。少し後になるが、日本で作られた実例として、正倉院に「具注暦」が伝存する。その巻首には、次のごとく書かれている（八月の「小」は「大」の誤写か）。

天平勝宝八歳（七五六）暦日　凡三百五十五日
　正月大　二月小　三月大　四月大　五月小　六月大
　七月小　八月小　九月小　十月大　十一月小　十二月大

以上のごとく、すでに一世紀代から後漢と、また三世紀代に魏との外交に従事していたような人々をはじめ、やがて五世紀代中ごろから「元嘉暦」を、さらに七世紀後半から「儀鳳暦」を学び使ってきた日本では、それによって年号の重要性も暦日の計算法なども、よく理解していたにちがいない。

■3　陰陽暦と太陰暦・太陽暦

ところで、右の「具注暦」にみえる一年間の暦日が「およそ三百五十五日」というのは、わが国で明治五年（一八七二）まで公用されてきた「太陰太陽暦」（略して陰陽暦）にほかならない。

ちなみに、「太陰暦」では、地球のまわりを月（太陰）が一周（朔望）する二十九・五三日を一月（具体的には三十日の大の月と二十九日の小の月）として、十二カ月で一年（三百五十四日か三百五十五日）とする。現在でもイスラム暦は、このような純太陰暦である。

一方、「太陽暦」では、太陽のまわりを地球が一周する一太陽年を三百六十五・二四日とするから、平年は三百六十五日、約四年に一回の閏年は三百六十六日となる。現在世界の標準暦とされているグレゴリオ暦が、このような太陽暦である。

それに対して「太陰太陽暦」では、太陽と太陰（月）と地球が一直線に並ぶときを「朔」（ついたち、一月の第一日）とし、「望」（もち、満月の十五日）を経て「朔」に至る前までを一月（一朔望月）とする（十二カ月の中に大の月と小の月を作る）ことは、太陰暦と変わりないが、その十二カ月（三百五十四日か三百五十五日）では一太陽年と十一日ほどズレを生ずる。そこで、十九年間に七回（三十三カ月か三十四カ月に一回）閏月を加えて一年を十三カ月とすることにより、太陽年との調整をはかる。

しかも、冬至から冬至までの長さを二十四等分して「二十四節気」を定め、また冬至から奇数番に回ってくる「中気」を含まない月を「閏月」とすることによって、太陽暦に近い季節のめぐりを表わしえている。

このような陰陽暦は、すでに周代（BC五世紀ころ）に基本ができ、漢代（BC三世紀ころ）に完成している。ただ、いつどこに閏月を置くか、どの月を大・小とするかなどは、天の運行を観測して正確に記した「暦」を作り、人々に頒（わか）つ必要がある。古来その「観象授時（かんしょうじゅじ）」こそ天子の重要な任務とされた。また、その暦を頒（わ）けてもらい、忠実に用いる（正朔（せいさく）を奉ずる）ことが、服属する民と国の義務とされてきたのである。

二　漢代から清朝までの年号

■1　秦の始皇帝による紀年

あらゆる人間は、時間と空間の交叉点に立っている。その人間社会における空間を秩序づけるモノサシが法制（法的規範）だとすれば、時間を秩序づけるハカリが時制（暦法・紀年法）といえよう。

その時制として、日・月の運行により一年の単位と区分を表示するものが「暦」であり、一連の年数を特定の元年から数える方法が「紀年法」である。それは、その領域を統治する代表者（国王）の即位から何年、という数え方が古くから洋の東西を問わず多い。

たとえば、周代の後半（春秋戦国時代）には諸侯が各地で割拠していたから、魯の国の歴史を纏めた『春秋』を見ると、「元年、春、王の正月」という記事から始まる。これは魯侯の隠公が即位した最初の年（BC七二二）を「元年」と表示した一例である。

やがて周末のBC二四六年、秦王として即位した嬴政は、中国の全土を初めて統一した

BC二二一年、みずから「始皇帝」と称する。その際、度量衡を統一するために作らせた鉄製の権（おもり）に次のような詔書を刻ませている（『中国古代青銅器展』図録掲載。原文を判り易く書き下す。以下同）。

二十六年、皇帝は尽く天下の諸侯を併兼せり。黔首（人民）大いに安んず。号を立てて皇帝と為す。乃ち丞相の状（隗状）と綰（王綰）に詔して度・量を法めしむ……

この「二十六年」は、秦王として即位以来、まさに二十六年目という即位紀年の表示にほかならない。

しかし、次の漢代に入ると、在位の途中で元年（はじめの年）を改める〝改元〟の例がみられる。たとえば、五代目の太宗＝文帝（在位BC一八〇～一五七）は、司馬遷（BC一四五～八六ころ）の『史記』（孝文本紀）に、次のように記されている。

玉杯を得たり、刻むに「人主延寿」といふ。是において、天子始めて更に元年と為す。

これによれば、目出たい祥瑞の出現を喜んで改元したことになる。しかも、その背景には、津田左右吉氏が「漢代政治思想の一面」で指摘したように「運の漸く衰へて来たのを、元年を新たに立てることによつて新生気を与へ、盛運を誘致しようとする」意図もあったと考えられる。

2　漢の武帝が創めた年号

この文帝に続く次代の景帝（在位BC一五七〜一四一）も、即位から八年目を第二の元年（中元年）とし、同十五年目（中元年から七年目）を第三の元年（後元年）としている。

もちろん、「中元年」とか「後元年」というのは、後の歴史家が初めの元年と区別するためにに付けたにすぎない。もし景帝の治世が更に続いていたら、第四・第五の改元も行われ、後世「初元、二元、三元、四元、五元」等と称されたことであろう。

現に次の世宗＝武帝（在位BC一四一〜八七）は、即位の翌年（BC一四〇）を元年とし（踰年改元）、崩御するまで五十四年間に十一回改元し続け、しかもほとんど六年ごと（晩年は四年ごと）に励行している。

この六年というサイクルは、当時の人々にとって特別な意味をもっていたのか、武帝の在位中に編まれた、高祖（劉邦）の孫にあたる淮南王劉安の編著『淮南子』には「六歳にして一衰、十二歳にして一康」と記されるから、生気の衰える六年ごとに改元することで活気を取り戻そうとしたのであろう。

ところで、この武帝により年数の頭に漢字の名称を付ける「年号」が始まったといわれてきた。たとえば、『漢書』武帝本紀の「建元元年」（BC一四〇）条に、唐初の顔師古という儒学者は「古より帝王いまだ年号あらず、始めて此に起る」との注を加えている。また日本でも「延暦」改元（七八二）の詔書に「殷周以前いまだ年号あらず。漢の武帝に至り、始めて建元と称す」と記されている（『続日本紀』）。

しかし、これは厳密にいうと事実ではない、ということが昭和の初めころ津田左右吉氏や藤田至善氏により検証されるに至った。それによれば、すでに武帝に仕えていた司馬遷は『史記』孝武本紀に（および封禅書にも）次のごとく記している。

有司言す、元はよろしく天瑞をもつて命くべし。一、二をもつて数ふべからず。一元は建元といひ、二元は長星（の出現）をもつて元光といひ、三元は（この下に「元朔」の由緒と「四元は」の字が欠脱か）郊して一角の獣を得るをもつて元狩といはん、といふ。其の明年の冬、天子（武帝）雍に郊す。……

この末尾の「明年」は、『漢書』武帝本紀と照らし合わせれば五元の「元鼎四年」（ＢＣ一一三）である。その前年、有司（当職の役人）から「元（元号）は、従来のように一元とか二元などと数字で示すのは（おそらく混乱を招くから）宜しくない。今後は天瑞（天地に生ずる目出たい祥瑞）に因んで命名すべきである。それゆえ、一元（ＢＣ一四〇から六年）は『建元』とし、二元（ＢＣ一三四から六年）は長星の出現を天瑞とみて『元光』と名づけ、三元（ＢＣ一二八から六年）は（『元朔』の脱文とみられる。次の四元〈ＢＣ一二二から六年〉は）一角獣を捕獲したので『元狩』と称したらよい」との進言があったという。

しかも、次の五元（ＢＣ一一六から六年）の四年目（ＢＣ一一三）の六月、汾陰の巫が后土祠（土地の神を祀る祠）の傍らで大きな「宝鼎」を発見した、という記事が『史記』にも『漢書』にも見える。従って、その機会に、前年の「有司」からの進言を用いて、第五元を「元鼎」と名づけるだけでなく、遡って初元を「建元」、二元を「元光」、三元を「元朔」、四元を「元狩」と命名したものとみられる。

■3　歴代王朝年号の特徴

　このようにして前漢武帝の治世に創（はじ）まった年号は、それ以降、歴代の王朝で建て続けられ、約二千年後の清朝末期（一九一一辛亥年）に及んでいる。その間に何回改元されたか、正確に答えることは容易でない。

　なぜなら、中国では王朝の交替（革命）がしばしば行われてきた。一般的に正統と認定されている王朝も、初めは前代に覇者として勢力を増し、ある段階から年号（元号）を建てており、他の覇王も同様にして正統性を争い、敗れて消えた者も少なくないから、どこまでが正統か否かを峻別し難い。

　とはいえ、陶棟氏『歴代建元考』（中華民国五十二年＝一九六三年刊）などを参考に、狭義の正統王朝における公的な年号を数えてみると、前漢38、新4、後漢40、三国の蜀5、西晋17、東晋18、南朝の宋・斉・梁・陳あわせて39、隋4、唐75（則天武后の周13を含む）、五代の後梁・後唐・後晋・後漢・後周あわせて15、北宋35、南宋22、元15、明17、清10で、合計三百五十四になる。

　このうち、唐の建国（六一八）から清の滅亡（一九一一）まで約千三百年間の正統王朝年号は合計百八十九であるから、日本の「大化」（六四五）から「平成」（一九八九）に至る合計二百四十七（北朝16を含む）より少い。ただ、中国では、三国の魏10と呉18、北朝の五代あわせて62、遼の33、金の23も加えれば、総合計五百となる。

それにしても、王朝の興亡著しい中国で建てられた正統年号が日本より少いのは、何故であろうか。それは年表を見れば明らかなごとく、明朝（一三六八〜）と清朝（一六六二〜）は、あわせて、五百四十三年間、ほとんど皇帝一代に元号一つ（一世一元＝一代一号）としていたからである。

表1　公式年号の多用文字

中国	**元**	**永**	**建**	**和**	**興**
	46	34	26	21	18（回）
日本	**永**	**元**	**天**	**治**	**応**
	29	27	27	21	20（回）

ただ、年号に採用された文字は、中国が百四十八字に対して、日本は七十二字で半分しかない。その使用回数を対比すれば（表2）、彼我に共通して多いのは、元・永・天・和・平・徳・康・延などである。また彼に多くて我に少いのは、興・泰・乾・至・武など、逆に我に多くて彼に少いのは、治・応・正・長・承・仁など、さらに彼のみで用いられたのが、太・光・熙・寧・始・初・祐など九十五字、逆に我のみで使われたのが、寛・保・久・享・禄・亀・喜・養・護など二十四字ある。

〔**中国年号**〕（百四十八文字。中国のみの用字には―傍線を付す）

10回以上……**元**46、**永**34、**建**26、**天**・**和**（各々）＝21、**平**20、**興**18、**太**17、**光**15、**嘉**・**大**・**徳**＝14、**熙**・**康**＝13、**泰**・**寧**12、**景**・**始**・**初**・**中**＝11、**延**・**祐**・**乾**・**至**＝10（以上二十四字）

9〜3回……開・咸・慶・隆＝9、宝・明＝8、安・順＝7、聖・定・武・暦・龍＝6、淳・紹・治・通・道・貞＝5、・化・皇・正・成・昌・寿・同・鳳・万＝4、炎・熹・顕・広・国・歳・朔・章・神・靖・宣・統・符・文・封＝3（以上四十三字）

2回……応・観・漢・義・徽・禧・啓・弘・祥・上・崇・清・端・地・長・禎・福・豊・本・雍・陽・耀・露（二十三字）

1回……意・雲・運・河・会・甘・監・紀・儀・久・居・竟・極・五・後・孝・更・黄・業・功・鴻・亨・載・丹・視・嗣・爵・狩・授・緒・如・証・彰・承・昇・升・昭・仁・垂・綏・政・征・節・摂・先・総・足・戴・宅・調・鼎・登・唐・晋・復・予・楽・麟（五十八字）

〔**日本年号**〕（七十二文字、日本のみの用字には・傍点を付す）

10回以上……**永**29、**元**・**天**＝27、**治**21、**応**20、**正**・**長**・**文**・**和**＝19、**安**17、**延**・**暦**＝16、**寛**・**徳**・**保**＝15、**承**14、**仁**13、**嘉**12、**平**12、**康**・**宝**＝10（以上二十一字）

9〜2回……久・建＝9、亨・慶・弘・貞＝8、明・禄＝7、大6、亀5、寿・万＝4、化・観・喜・神・政・中・養＝3、雲・護＝2（以上二十一字）

1回……感・吉・景・乾・興・亨・衡・国・斉・至・字・朱・授・昌・昭・祥・勝・成・祚・泰・雉・鳥・禎・同・銅・白・武・福・霊・老（以上三十字）

表2　年号文字使用回数一覧表（森本角蔵氏の調整を補訂）

これらの使用文字をみると、中国でも日本でも「元」（はじめ）とか「永」（ながい）という、始元を寿ぎ永久を願う思いは、ほぼ共通している。しかしながら、二文字（一時的に四文字）が組み合わされた年号をみると、たびたび内乱や革命の起きた中国では、「建武」「太平」が各五回、「永興」「太和」が各四回も重複採用されている。それに対して、日本では重複年号が一つもなく、比較的穏やかな意味の年号が選ばれている。

表3　道教関係の中国年号

北魏・太武帝「太平真君」（四四〇～四五一）
北周・静帝「大象」（五七九～五八〇）
隋・文帝「開皇」（五八一～六〇〇）
唐・玄宗「天宝」（七四二～七五六）
宋・真宗「大中祥符」（一〇〇八～一〇一六）

また中国では、儒教や仏教だけでなく、老荘思想・神仙思想などの混成した道教思想が広まった。そのため、市村瓚次郎氏「年号に現れたる時代思想」（『史学雑誌』三九―四）によれば、道教を信奉する皇帝の治世には、表3のようなゆかりの年号が選ばれている。

中国では、清朝の滅亡により、二千年来の年号が廃止されてしまった。その代りに、辛亥革命の翌年（一九一二・大正元年）を「中華民国元年」として数え始めた。戦後の一九四九年（昭和二十四年）、国民党（蔣介石）が支配することになった台湾では、今も使い続けている（二〇一八年＝中華民国紀元一〇七年）。それに対して中華人民共和国では、いわゆる西暦を「公元」と称して、現在も公用している。

なお、日本の介入によって成立した満州国では、一九三二年（昭和七年）、清朝の廃帝愛新覚羅溥儀（ふぎ）（一九〇六〜一九六七）を「執政」に推し、独立国のシンボルとして「大同」という年号を建てた。その二年後（一九三四）、執政を皇帝にした満州帝国の成立により「康徳」と改元された。しかも、それが満州国の崩壊する一九四五年（昭和二十年）まで十一年間続いている。

コラム　ベトナムと西夏の年号

ベトナム（越南・大越）は、早くから中国文化圏に属し、十世紀中ごろから律令的な中央集権体制を形成した。それに伴って、年代表示も長らく干支か中国の年号を使ってきたが、やがて独自の年号を作り使い始めた。中国王朝と冊封関係を結び、「交趾郡主」とか「安南国王」に封じられながら、国内では独自の年号を作り用いている（表4）。

十五世紀に入ると、一たん明国に併合されたが、まもなく独立を回復した黎利は一四二八年「順天」年号を建てた。やがて一八〇二年に阮福暎が国名を「越南」と定め、清朝を北朝、自国を南朝と称したことさえある。やがて一八八四年からフランスの保護国となったが、阮朝も残り、第二次大戦後の王朝滅亡まで独自の年号を続けている（王福順）。

なお、十六世紀にベトナムの北部に成立した莫朝では、「大正」年号（一五三〇～一五四〇）が用いられている。このことを知っていた森鷗外は、「大正」改元直後、友人への書簡で「大正は安南人の立てた越といふ国の年号にあり……不調べの至」と批判している。

中国周辺で独自の年号を千年近く存続しえたのは、日本を別にすれば、ベトナム以外にない。しかも、その中に四字年号が十九例もある。

ところが、中国西北部で二百年近く続いた異民族国家である大夏＝西夏（一〇三二～一二二七）には、六字の年号まであった（表5）。

この西夏を建国した李元昊（りげんこう）（景宗）は初め、中国王朝の宋に服属したが、徐々に独立の姿勢を示し、独自の年号「顕道」（一〇三二）を建て、後には自ら皇帝を称した。更に独自の「西夏文字」を制定している。同時代の異民族国家である遼や金とともに、しばしば宋を脅かすほどに繁栄したが、十三世紀にモンゴル帝国によって滅ぼされた。それまで独自の年号を称していたことは、『宋史』西夏伝に記されている。

その記事は、「（李）元昊、慶暦八年（宋年号・一〇四八年）正月を以て殂（し）す。年四十六。在位十七年。改元すること開運は一年、広運は二年、大慶は二年、天授礼法延祚は十一年。諡（おくりな）は武烈皇帝と曰ひ、廟号は景宗」というように、皇帝の崩御記事に付して年齢と治世の年数を記し、その後に年号とその年数を列挙するという形になっている（長部和雄）。

表4　ベトナムの年号

西暦	帝　王	年　号
970	丁朝万勝王	太平
980	前黎朝黎桓	天福
989	黎桓10年	興統
994	黎桓15年	応天
1008	前黎朝黎龍鋌	景瑞
1010	**李朝太祖**	順天
1028	李朝太宗	天成
1034	太宗7年	通瑞
1039	太宗12年	乾符有道
1042	太宗15年	明道
1044	太宗17年	天感聖武
1049	太宗23年	崇興大宝
1054	**李朝聖宗**	龍瑞太平
1059	聖宗6年	彰聖嘉慶
1066	聖宗13年	龍彰天嗣
1068	聖宗15年	天貺宝象
1069	聖宗16年	神武
1072	李朝仁宗	太寧
1076	仁宗5年	英武昭勝
1085	仁宗14年	広祐
1092	仁宗21年	会豊
1101	仁宗30年	龍符
1110	仁宗39年	会祥大慶
1120	仁宗49年	天符睿武
1127	仁宗56年	天符慶寿
1128	李朝神宗	天順
1133	神宗6年	天彰宝嗣
1138	李朝英宗	紹明
1140	英宗3年	大定
1163	英宗26年	政隆宝応
1174	英宗37年	天感至宝
1176	李朝高宗	貞符
1186	高宗11年	天資嘉瑞
1202	高宗27年	天嘉宝祐
1205	高宗30年	治平龍応
1211	李朝恵宗	建嘉
1224	李朝昭皇	天彰有道
1225	**陳朝太宗**	建中
1232	太宗8年	天応政平
1251	太宗27年	元豊
1258	陳朝聖宗	紹隆
1273	聖宗16年	宝符
1279	陳朝仁宗	紹宝
1285	仁宗7年	重興
1293	陳朝英宗	興隆
1314	陳朝明宗	大慶
1324	明宗11年	開泰
1329	陳朝憲宗	開祐
1341	陳朝裕宗	紹豊
1358	裕宗18年	大治
1369	裕宗29年	大定
1370	陳朝芸宗	紹慶
1373	陳朝睿宗	隆慶
1377	陳朝廃帝	昌符
1388	陳朝順宗	光泰
1398	陳朝少帝	建新
1400	**胡朝胡季犛**	聖元
1401	胡朝胡漢蒼	紹成
1403	胡漢蒼3年	開大
1408	**陳朝簡定帝**	興慶
1409	陳朝重光帝	重光
1426	陳暠	天慶
1428	**黎朝太祖**	順天
1434	黎朝太宗	紹平
1440	太宗7年	大宝
1443	黎朝仁宗	大和
1454	仁宗12年	延寧
1459	仁宗17年	天興
1460	黎朝聖宗	光順
1470	聖宗11年	洪徳
1498	黎朝憲宗	景統
1504	黎朝粛宗	泰貞
1505	黎朝威穆帝	端慶
1509	黎朝襄翼帝	洪順
1516	黎朝昭宗	光紹
1522	黎朝恭皇	統元
1533	黎朝荘宗	元和
1549	黎朝中宗	順平
1557	黎朝英宗	天祐

表5　西夏の年号

皇帝	治世年	年号
景宗	1032–1048	顕道
		開運
		広運
		大慶
		天授礼法延祚
毅宗	1048–1067	延嗣寧国
		天祐垂聖
		福聖承道
		奲都
		拱化
恵宗	1067–1086	乾道
		天賜礼盛国慶
		大安
		天安礼定
崇宗	1086–1139	天儀治平
		天祐民安
		永安
		貞観
		雍寧
		元徳
		正徳
		大徳
仁宗	1139–1193	大慶
		人慶
		天盛
		乾祐
桓宗	1193–1206	天慶
襄宗	1206–1211	応天
		皇建
神宗	1211–1223	光定
献宗	1223–1226	乾定
末主	1226–1227	宝義

1558	英宗2年	正治
1572	英宗16年	洪福
1573	黎朝世宗	嘉泰
1578	世宗6年	光興
1600	黎朝敬宗	慎徳・弘定
1619	黎朝神宗	永祚
1629	神宗11年	徳隆
1635	神宗17年	陽和
1643	黎朝真宗	福泰
1649	黎朝神宗	慶徳
1653	神宗5年	盛徳
1658	神宗10年	永寿
1662	神宗14年	万慶
1663	黎朝玄宗	景治
1672	黎朝嘉宗	陽徳
1674	嘉宗3年	徳元
1676	黎朝熙宗	永治
1680	熙宗6年	正和
1705	黎朝裕宗	永盛
1720	裕宗16年	保泰
1729	黎朝廃帝	永慶
1732	黎朝純宗	龍徳
1735	黎朝懿宗	永佑
1740	黎朝顕宗	景興
1787	黎朝愍宗	昭統
1788	**西山朝光中帝**	光中
1793	西山朝景盛帝	景盛
1801	景盛帝9年	宝興
1802	**阮朝嘉隆帝**	嘉隆
1820	阮朝明命帝	明命
1841	阮朝紹治帝	紹治
1848	阮朝嗣徳帝	嗣徳
1883	阮朝協和帝	協和
1884	阮朝建福帝	建福
1885	阮朝咸宜帝	咸宜
1885	阮朝同慶帝	同慶
1889	阮朝成泰帝	成泰
1907	阮朝維新帝	維新
1916	阮朝啓定帝	啓定
1926	阮朝保大帝	保大

コラム　朝鮮三国と渤海の年号

年号を用いた中国の周辺諸国としては、五〜六世紀、モンゴル高原に存在した遊牧国家の柔然、五〜七世紀、西域に存在した漢人国家の高昌、チベット・ビルマ語族が中国雲南地方に建国した七〜十世紀の南詔、十〜十三世紀の大理国などがある。

また、古代の朝鮮半島には、北部に中国東北地方から南下した高句麗、南部に新羅・百済の三国があり、最終的には七世紀に新羅が唐の後援を受けて三国を統一する（統一新羅）。

これらの国々も中国の影響を受けて早くから独自の年号を建てようとした。そのうち、『三国史記』に記録されているのは、新羅の七例である（表6）。

表6　新羅王国の年号

西暦	年号	国王
536	建元	法興王 23
551	開国	真興王 12
568	大昌	〃　29
572	鴻済	〃　33
584	建福	真平王 6
634	仁平	善徳女王 3
647	太和	真徳女王元

しかし、真徳女王の太和二年（六四八）、新羅より唐へ派遣された使者は、唐太宗から「新羅は大朝

（唐）に臣事しながら、何ぞ以て別に年号を称するや」と詰問を受けた。驚いた使者は「先祖法興王以来、私に紀年あり。もし大朝の命あらば、小国又何ぞ敢てせん」と弁解し、翌々年（六五〇）から「中国の永徽年号」を使い、それ以後、公的には中国年号を順奉し続けるに至った（『三国史記』）。

高句麗では、広開土王（在位三九二〜四一三）が「永楽」年号を使っていたことは、有名な碑文によって知られている。新羅では「延寿元年」（五一一）と刻む銀製の鋺（わん）が出土している。

さらに百済でも「建興五年丙辰」（五三六か五九六）と刻んだ金銅仏の光背銘が知られている。

このほか、九世紀に新羅が衰退・

表7　渤海王国の年号

西暦	年号	国王
698		高王　大祚栄
719	仁安	武王　大武芸
737	大興	文王　大欽茂
774	宝暦	（後に「大興」に戻す）
793		大元義
793	中興	成王　大華璵
794	正暦	康王　大嵩璘
809	永徳	定王　大元瑜
812	朱雀	僖王　大言義
818	太始	簡王　大明忠
818	建興	宣王　大仁秀
830	咸和	大彝震
857		大虔晃
871		景王　大玄錫
894		大瑋瑎
907		哀王　大諲譔

分裂した後、後高句麗・後百済といった勢力が独自の年号を用いた例がある。しかし、これらは正史に記録されていない。

なお、李朝（李氏朝鮮）は、異民族王朝の清に対して、強い反感を持ち、正式には清の年号を用いながら、国内では明の最後の年号に由来する「崇禎紀年」なるものを一部で使用していた。また、大韓帝国の成立（一八九七）前後から、「建陽」（一八九六）・「光武」（一八九七）・「隆熙」（一九〇七）が用いられている。

さらに、唐より「海東の盛国」と呼ばれた渤海国は、六九八年、大祚栄が高句麗の遺民や靺鞨族を率いて建国し、九二六年、契丹により滅ぼされるまで、約二百五十年間、朝鮮半島北部から中国東北地方・ロシアの沿海州南部に存在した国家である。初代国王の大祚栄は、唐より「渤海郡王」の冊封を受けたが、二代国王大武芸は、唐の介入をはねのけ、日本へ使者を派遣するなど、独立の気概を見せた。その最たるものが、即位と共に渤海独自の元号「仁安」を建てたことである。

渤海の年号のうち、現在判明しているのは十一代大彝震の「咸和」までであるが、その滅亡まで用いられていたと推測される（表7）。

第二章　律令国家の成立と年号

聖徳太子（時事）

一　「大化」以前の紀年の在り方

■1　「倭王」時代の年号と干支

前述のとおり、元号（年号）は、中国で漢代（ＢＣ二世紀中ごろ）に始まり、清朝末期（二十世紀初め）まで続いた。それは、中国の国内だけでなく周辺の諸国でも使われてきた〝漢字文化〟のひとつである。

しかし、中国は世界の中央にある最もすぐれた文化・文明の先進国「中華」と自負し、周辺の諸国を「東夷・南蛮・西戎・北狄」と呼んで未開の後進国とみなしていた。そのために中国の皇帝を宗主と仰ぎ、その朝廷に貢物を持参（朝貢）して、臣下の礼を尽くす周辺の諸国に対し、中国の年号をそのまま順奉することは許しても、独自の年号を建てたり使うようなことは認めない、という態度を貫こうとしている。

それゆえ、後漢の光武帝（在位二五〜五七）の最晩年に朝貢した北九州の有力な豪族が「漢の委（倭）奴の国王」という金印（国宝）を授けられた際は、双方とも外交文書に

「建武中元二年」（五七）という光武帝の年号を使ったものとみられる。

ついで、後漢が滅びてからの三国時代、魏に朝貢した「邪馬台国」の女王卑弥呼は、明帝（在位二二六～二三九）から「親魏倭王」の金印を授けられた。この時の外交文書にも「景初三年」（二三九）という年号が使われたにちがいない。その際、明帝から贈られた銅鏡（それを当方で模した仿製鏡）の出土品には、景初年号が刻まれている。

さらに、三国の後も抗争の続いた中国では、華北にも華南にも小国が乱立した。そこで、主に南朝の宋と外交関係を結んだ「倭国」（大和王権）の「大王」（倭の五王など）は、何度も朝貢した。倭国内（日本列島）だけでなく、朝鮮半島の諸国（北の高句麗以外）も含めて倭王の勢力下にあることを、宋の皇帝に認めてもらおうと努力し続けている。

そのうち、最も有力な「倭王の武」（雄略天皇）は、「順帝の昇明二年（四七八）、使を遣して表を上り……使持節都督倭・新羅・任那・加羅・秦韓・慕韓の六国諸軍事安東大将軍倭国王に除（任命）」されたことが、『宋書』倭国伝に明記されている。しかし、この五世紀後半段階でも、外交上は宋の「昇明」年号を順奉するほかなかったと思われる。

しかし、倭国内においては、必ずしもそうではない。前述のとおり四世紀後半ころ、大和王権の応神天皇朝ころに、漢籍や暦本が伝わり、それが次第に普及していた。その具体例が五〜六世紀の金石文に見られる。たとえば埼玉県行田市の稲荷山古墳から出土した鉄剣に、次のような銘文が刻まれている。

辛亥年（四七一）の七月中記す。乎獲居臣、上祖の名は意富比垝（大彦）……世々杖刀人の首と為り、奉事し来り今に至る。獲加多支鹵大王の寺（宮廷）、斯鬼（磯城）宮に仕へる時、吾、天下を左治す

これは大彦命を先祖と称する七代子孫のヲワケノオミが、代々「杖刀人の首」（護衛武官長）として朝廷に奉仕し来り、いまワカタケル大王（幼武＝雄略天皇）の宮廷で「天下を左治」（天下の統治を補佐）している、という事績を刀銘に刻み、後世に伝えようとしたものとみられる。その年次が中国の年号ではなく干支で「辛亥の年」と記されている。

この点は、少し後であるが、和歌山県の隅田八幡宮の人物画像鏡銘も同様であって、「癸未年（五〇三）八月、日十大王の年、男弟王（オオドノミコト＝継体天皇）、意柴沙加宮（忍城宮）に在し時……此の竟（鏡）を作る」という形で、干支が使われている。

つまり、六世紀ころまでの倭国では、まだ独自の年号を作れず、外交的には中国の年号

を順奉していたが、国内的には年号の代りに干支を使っていたことになろう。

2　聖徳太子ゆかりの私年号

中国に臣下として服従するような在り方を、〝華夷体制〟と称するが、それは極めて強固なものであった。けれども、それを何とか克服して自主外交を展開しようと努力されたのが、厩戸皇子＝聖徳太子（五七四〜六二二）にほかならない。

近年、その業績を敢えて軽視したり否定する論調がみられる。しかし、太子は単なる皇族ではなく、その多才な活動によって、在世中から評価されている。さらに他界直後から一層崇敬されるようになり、多くの超人的な伝説も生まれるほどの大人物であったことは、多様な史料が雄弁に物語っている。

たとえば、よく知られていることながら、『隋書』倭国伝と『日本書紀』推古天皇紀を照らし合わせてみると、隋のいう「倭王」（推古女帝の摂政、聖徳太子を指すか）が大業三年（六〇七）「使を遣して朝貢」した際、あえて「日出づる処の天子、書を日没する処の天子に致す。恙（つつが）無きや云々」と記した「国書」を提出した。それに対して、隋の煬帝は「無礼」だと言いながら、むしろ当方の堂々とした態度に感心したのか、使節の小野妹子らを丁重に送り返している。
しかも、当方では地上で唯一の「天子」という表現が先方を刺激したのであれば、少し工夫する必要があると考えた。そして翌年の推古天皇十六年（六〇八）、あらためて遣わした時には、「東の天皇、敬みて西の皇帝に白す。……今大礼蘇因高（冠位十二階の高位「大礼」を仮授された小野妹子）……等を遣はし、往かしむ。謹みて白すこと具ならず」という国書を持参している。これで何とか対等外交が成立したことになろう。

この遣隋使が送り出された推古天皇十五年（六〇七）の創建と伝えられる斑鳩寺（法隆寺）に現存する金堂の釈迦三尊像は、太子の薨後（翌年）、その菩提を弔うため「止利仏師」の手で造られたものである。注目すべきは、その由緒を記す大きな光背の銘文で、次のごとく刻まれている。

> 法興の元より三十一年、歳次辛巳（六二一）の十二月、鬼前太后（太子の母后）崩ず。明年の正月二十二日、上宮法皇（聖徳太子）枕病弗悆（危篤）。……時に王后・王子等……まさに釈像の尺寸王身なるを造らんとす。……二月二十一日癸酉、王后即世し、翌日法皇も登遐したまふ。癸未年（六二三）三月中、願ひの如く釈迦の尊像……を敬

ひ造り竟（をは）んぬ。

これによれば、「法興」と名付けられてから三十一年目、干支でいえば辛巳の年（六二一）の十二月に、聖徳太子の母后＝穴穂部間人皇女（あなほべのはしひと）（用明天皇の皇后）が亡くなった。しかも、翌年（六二二）正月二十二日に「上宮法皇」聖徳太子が危篤に陥られたので、王后の膳（かしわで）夫人や王子などが（平癒を祈願して）釈迦の尊像を聖徳太子の等身大に造ろうとしていたところ、まず二月二十一日に王后が亡くなり、ついで翌二十二日、太子も亡くなってしまった。けれども翌癸未年（六二三）三月、念願どおりの「釈迦の尊像」が出来あがったのである。

　この冒頭（原文「法興元卅一年」）に記される「法興」とは、年号のようにみえるから、「元卅一年」を「元年より三十一年」と読めば、干支で示される「辛巳」は六二一年にあたり、その翌年（六二二）二月二十二日が聖徳太子の命日となる。

　この光背を精密に調査された東野治之氏などによれば、これは造像の当初からあり、それに刻銘されたのは造像の癸未年（六二三）と認められる。とはいえ、この「法興」が年号であれば、干支から逆算して元年は崇峻天皇四年の辛亥の年（五九一）となるが、はたしてその年に定められ、それから使われてきたか否かは判らない。

「法興」の用例としては、奈良初期の和銅六年（七一三）ころ纏められた『風土記』の逸文（『釈日本紀』所引「伊予国風土記」）に、「法興六年十月　歳は丙辰（五九六）に在り。我が法王大王（聖徳太子）、恵慈法師および葛城臣と、夷与（伊予）村に逍遥して、正に神井（道後温泉）を観たまふ」と記されている。

また養老四年（七二〇）に撰進された『日本書紀』の崇峻天皇紀元年（五八八）・三年・五年および推古天皇紀元年（五九三）・四年などに「法興寺」の造営記事がみえる。けれども、その『日本書紀』に「法興」を年号として示す記事はない。また「法興寺」は元来「飛鳥寺」と称されていた（法隆寺も当初は斑鳩寺）とみられる。従って、崇峻天皇朝から「法興」という寺号や年号があったとする裏付けにはならない。

このように、「法興」の確実な用例は、今のところ、前掲の仏像光背銘文と『風土記』の逸文に限られる。それは共に聖徳太子の事績を敬仰して記したものである。従って、これは太子を「仏法興隆」の「法王大王」と礼賛する法隆寺などの関係者により、私的に使用されていたものと考えられる。

■3　後代に作られた〝古代年号〟

　このように「法興」は、聖徳太子への評価が高まる晩年か薨去(こうきょ)されてまもなく、実際に作り使われたものと認められる。しかしながら、朝廷で公的に定められたものではないから〝私年号〟と称する。

　それに対して、年号らしきものであるが、私的であれ該当時期にあったとは認め難い、かなり後代に作られたとみられるものを〝異年号〟とか〝偽年号〟という。そのうち、一部の論者が〝古代年号〟とか〝九州年号〟と呼んで、実在したに違いないと熱烈に主張する年号らしきものにつき、少し触れておこう。

　久保常晴氏は、南北朝期（十四世紀後半）の成立とみられる『和漢年代記』（建長寺本）に「〝貴楽〟より〝命長〟に至る十九の古代年号が記されて」いるから、このようないわゆる古代年号はそのころまでに纏まったものとみなしておられる。

　ただ、それより少し前の鎌倉末期（十四世紀前半）成立とみられる『二中歴』は、「年代歴」の項に、同じような古代年号を列挙し、末尾に「已（以）上百八十四年、年号三十一。代々年号を記さず、ただ人の伝言あるなり。大宝より始めて年号を立つるのみ」と断っている。

　それによれば、公式に立てられた年号「大宝」（七〇一）より百八十四年も前（五一七）から計三十一の年号があったけれども、記録されておらず、「人の伝言」しかないという。

1	継体	17	端政
2	善記	18	告貴
3	正和	19	願転
4	教到	20	光元
5	僧聴	21	定居
6	明要	22	倭京
7	貴楽	23	仁王
8	法清	24	僧要
9	兄弟	25	命長
10	蔵和	26	常色
11	師安	27	白雉
12	和僧	28	白鳳
13	金光	29	朱雀
14	賢称	30	朱鳥
15	鏡当	31	大化
16	勝照		

表8　九州年号（古代年号）

　また、李朝朝鮮で編纂された室町中期（十五世紀後半）成立の『海東諸国紀』では、日本側の記録「天皇代序」に基づき、「継体天皇……十六年壬寅（五二二）、始めて年号を建て㆑善化と為す」から「天武天皇……十三年甲申（六八四）朱雀と改元す」とか、持統天皇朝に「大和」、文武天皇朝に「大長」を挙げ「大長四年辛丑（七〇一）大宝と改元す」などと記す。その大半は前掲の『二中歴』に類するから、かなり広まっていたのかもしれない。

　けれども、かような〝古代年号〟には、平安時代以前まで遡る確実な史料がない。また、表8の三十一例中に「僧聴」「和僧」「僧要」など、仏教色の顕著な名称が少くない。従って、これらは鎌倉時代に入ってから、おそらく仏教関係者により造作されたものが基になっている、と考えるほかないであろう。

二　公年号の成立と法制化

■1　改新の先駆け「大化」創建

日本史上の三大改革をあげるとすれば、「大化改新」と「建武中興」と「明治維新」だ、という見方が根強い。もちろん、別の見方もあるが、これを「六四五年の改新」とか「一三三三年の中興」とか「一八六八年の維新」といっても、なぜかイメージがわきにくい。しかし、三つの改革が年号を冠して称されると、その年号文字によって、数字の西暦では表わしえない歴史的な味わいを印象づけてくれる。

このうち、最初の「大化改新」については、戦後かなり否定的な見解が続出し、代りに「乙巳（いっし）の変」というような呼称が主流を占めたことさえある。けれども、平成に入るころから、さまざまな研究が進み、段々その史的意義が再評価されつつある。

とりわけ、近く（平成三十一年四月三十日）約二百年ぶりに復活する天皇の「譲位」は、すでに千三百七十余年前（六四五）、皇極女帝から孝徳天皇への譲位が確実な初例であり、それ自体〝改新〟の一環として注目に値する。しかも、その直後に日本で初めての公年号「大化」が創建された意味は、きわめて大きい。

その前後の動向をもう少し説明しよう。飛鳥の朝廷では、聖徳太子の薨去（六二二）により蘇我氏（本宗家）の勢力がきわめて強くなった。それに対して、舒明天皇と皇極女帝の間に生まれた中大兄皇子は、新興の中臣鎌子（のちに鎌足）や隋・唐から帰朝した有能な人々と協力して、中央集権的な国家体制を築くために、皇極天皇四年（六四五）六月十二日、敵対する蘇我入鹿を葬り去った。

しかし、その皇子が直ちに天皇となられたわけではない。『日本書紀』によれば、事変の二日後、皇極女帝（五十一歳）はいったん「位を中大兄に伝へ」ようと思われたが、中大兄皇子（十九歳）は異母兄の古人大兄皇子に遠慮し辞退された。そこで、女帝は同母弟の軽皇子（四十九歳）に「璽綬を授けて禅位」され、軽皇子は「固辞しえず、壇に升（昇）りて即祚（即位）したまふ」たのである。

しかも、新帝孝徳天皇は、前帝の姉君に「皇祖母尊」の号を奉り、甥の「中大兄を以て皇太子」に立てるのみならず、左右大臣と「内臣」（中臣鎌子）や「国博士」（国政顧問）などを定められた。そして同十九日、天皇・皇祖母尊・皇太子が、群臣らを召し集め、天神地祇に対して、次のような「盟（ちかひ）」を告げられた。

今共に心の血（まこと）を瀝（したたら）す。而して今より以後、君は二つの政（まつりごと）無く、臣は朝（みかど）に弐（ふたごころ）無し。

これは、千二百二十余年後の慶応四年＝明治元年（一八六八）に京都御所の紫宸殿で「天神地祇」を祀り、明治天皇（十五歳）も諸臣（全七百六十数名）も「五箇条の国是」を遵守し実行する誓約をしたことの先蹤（せんしょう）にほかならない。

さらに重要なことは、正史『日本書紀』の同日（六月十九日乙卯）条に、次のごとく明記されていることである。

天豊財重日足姫（あめとよたからいかしひたらしひめ）（皇極）天皇の四年を改め、大化元年とす。

それゆえ、この「大化」が、日本で最初の公年号だとみなされている。平安初期に成立した『日本後紀』の「弘仁」改元詔書（九月丙辰条）にも、「飛鳥以前、未だ年号の目あらず。難波（なにわ）（孝徳天皇）の御宇（ぎょう）、始めて大化の称を顕はす」と記されている。

その出典（年号文字の典拠）は、他の年号と同様、正史にあげられていないが、たとえば『漢書』循吏伝に「民の為に利を興し、害を除き大化を成す」などという章句がみえる。また卜部兼方は『釈日本紀』大化元年条に、「（蘇我）入鹿の暴逆を誅殄して、天下安寧となり、政化敷き行はる。故に元（元号）を大化と号す」と釈し、さらに坂本太郎博士は『大化改新の研究』で、「儒教の政治思想たる、教化を布いて天下を治せんといふにある」と解されている。

このように、中大兄皇子を中心とする内政の「改新」に先立ち、女帝から弟君（中大兄皇子にとっては叔父）への皇位継承が行われ、新帝のもとで君臣が一致協力する誓いを立て政府の陣容を整えると共に、「大化」という公年号を初めて定めたのである。それは、強大な先進国の隋・唐に学びながらも、独自の年号を建てることにより、「改新」の思想（意気込み）を示したものといえよう。

ただ、その新年号を公的（とりわけ外交文書）に使用することは、まだ難しかったにちがいない。もしそれを強行すれば、前述した新羅のごとく「中華の年号」をそのまま使用するように強制される恐れがあったからである。そのため、国内でも「大化」年号の実用例は極めて少い。僅かに金石文として「宇治橋断碑」があり（宇治川畔の放生院常光寺に現存）、その文中に「道登（宇治橋を建立した僧侶）……大化二年丙午の歳、此の橋を構立し、人畜を済度す」と刻まれている（全文が『帝王編年記』大化二年条にみえる）。

しかし、この石碑は、大化二年（六四六）に近いころ建てられたという確証が見あたらない。おそらく造像銘に年号を刻む例が多くなる奈良時代に建碑する際、何らかの記録に基づいて書き込まれたのではないかと思われる。

■2　「白雉」と「朱鳥」の改元

この「大化」年号により記憶される改新政治は、特に翌二年元日（甲子朔）宣示された「改新之詔」に基づき、着々と進められている。それを祝福して成果を強調するためか、同六年（六五〇）二月十五日、年号が「白雉」と改められた。

それに先立って、二月の九日、「穴戸（長門）の国司」が「白い雉」を献上したので、どう対処すべきか識者に下問された。すると、高麗への留学を経験した「道登法師」（宇治橋の造立者）や、隋に遣わされたことのある「学問僧新漢人」の「旻法師」が、それは「休祥」であり、とくに「王者の仁、聖にましますとき見る」ものだと奉答した。そこで六日後に盛大な祝賀の儀式が行われ「この嘉瑞あるゆえに、天下に大赦し、元を白雉と改め」られたのである。

つまり、前述の「大化」は代始（だいはじめ）（天皇の代替り初め）による改元の初例だが、この「白雉」は、祥瑞（特別な吉兆）による改元の初例として注目される。ただ、これも実用された徴証が少く、「大化」と同様、公的に定められても、まだ公然と使うことは難しかったものと思われる。

しかも、白雉四年（六五三）、孝徳天皇と中大兄皇子との間に不和が生じ、翌年十月、天皇が難波宮で崩御された。しかし、中大兄は皇太子の立場で存分に改革を進めるために即位せず、翌年（六五五）一月、皇祖母尊が飛鳥で重祚（ちょうそ）（再度即位）して斉明天皇となられた。年号を改めて建てられた形跡はない。

その斉明天皇六年（六六〇）、朝鮮半島の百済から、七月に唐と新羅に攻撃されて、百済王国が滅亡の危機にあると伝えられた。そこで、長年親交のあった百済救援のために、翌七年辛酉（六六一）早々、中大兄皇子と同母弟の大海人皇子（おおあまのみこ）が北九州へ向かわれた。しかも老齢（六十七歳）の斉明女帝まで同行されたが、天皇は七月に朝倉宮（現・福岡県朝倉市）で急逝してしまわれた。そこで、しばらく喪を秘して、皇太子が称制（しょうせい）（天皇代行）の形で陣頭指揮をとり、二年後（六六三）、兵二万七千余の大軍を新羅に遣わされた。しかし、同年八月、百済の白村江で新羅と唐の連合軍と激戦をくりひろげた揚句、惨敗に終っている。

その結果、唐軍か新羅軍が海を渡って来襲する恐れも生じたので、中大兄皇子はやむなく撤退して、九州から畿内まで防衛体制を固め、都も飛鳥から真北の近江大津へ遷し、そこで正式に即位しておられる。そして後継者は、いったん弟君の大海人皇子と決めながら、晩年に庶子の大友皇子を立てようとされた。

そこで、大海人皇子は自ら皇太弟を辞して吉野へ退かれた。しかし、まもなく天智天皇が大津宮で崩御され、大友皇子が即位して弘文天皇になられると、吉野の大海人皇子は反撃に転じ、近江にまで攻め入って勝利をおさめられた（壬申の乱）。そして飛鳥で即位して天武天皇となられたのである。

このような状況下では、斉明・天智・弘文の三代にわたり、年号の改元すらされることが難しかったのだろうか。確かに唐の脅威にさらされて、唐を刺激するような独自年号の改元は避けようとされたのかもしれない。ただ、むしろ当時は、「大化」のごとく代始のたびに、また「白雉」のごとく祥瑞の出現により、年号を改め定めなければ、という認識がなかったものとみられる。

そう考えるのは、天武天皇朝は政治状況が一応安定して、律令体制作りが進行していたけれども、改元の動きはほとんどなかったからである。ただ、『日本書紀』には、その晩年の天武天皇十五年（六八六）七月戊午条に、

元を改めて朱鳥元年と曰ふ（朱鳥、此れ阿訶美苔利と云ふ）（和訓、原注）

との記事があり、三十六年ぶりに改元が行われている。

これは数年前（同九年七月紀、翌十年七月紀）の「朱鳥」「朱雀」出現を祥瑞とみなし、同十五年五月下旬から病篤くなられた天皇のために、その七月十五日「天下の事、大小を問はず、悉く皇后（のち持統女帝）と皇太子（草壁皇子）とに啓せ」との勅命を受けた皇后と皇太子が、天皇の平癒を祈願して改元されたものと思われる（珍しく和訓で「あかみとり」と読まれた）。しかし、その祈願も空しく、九月九日に薨去されてしまったから、「朱鳥」年号は二カ月足らずで終ったことになる。

なお、前述の「白雉」もこの「朱鳥」も、当時ほとんど一般に知られていなかったようである。やがて『続日本紀』神亀元年（七二四）十月丁亥（一日）条の詔報に「白鳳以来、

朱雀以前、年代玄遠にして尋問明らかにし難し」とある。

この「白鳳」は「白雉」、「朱雀」は「朱鳥」の言い換えとみるほかない。そうであれば、「白雉」も「朱雀」も、年号として定着せず不安定であったから、七十数年後奈良時代に入ると、「白鳳」「朱雀」と言い換えても通用したものと考えられる。

3　「大宝」建元の画期的意義

天武天皇の崩御（六八六）当時、皇太子草壁皇子は二十五歳であったが、直ちに即位する要件が整わず、生母の鸕野讃良皇后（四十一歳）がしばらく称制（天皇代行）を務められることになった。しかも、三年後（六八九）、草壁皇子が急逝してしまわれたので、母后が即位して持統女帝となられた。

この持統女帝も年号を建てられなかったが、夫君の遺志を継いで、律令法典の編纂を進めると共に、また従来ほぼ代替りごとに遷されてきた王宮の在り方を改め、数代に亘って使える中国風の新宮殿を中心に、大規模な条坊（町並み）で構成される宮都（みやこ）を飛鳥より少し北の藤原に造営する（藤原京）など、政務に精励しておられる。

その在位中、女帝の嫡孫（父は故草壁皇子、母は阿閇皇女）である軽皇子が成長されたので、称制から数えて十一年目（六九七）、持統女帝は軽皇子に譲位して「太上天皇」となられた。かわって即位した文武天皇は、祖母君の後見をえて、同五年（七〇一）八月、天智・天武天皇以来の懸案であった律令法典を完成されるに至った（大宝律令）。

この律令法は、完全な形で伝わっていないが、大宝令の注釈書「古記」の逸文などにより大半を復元することができる。その「儀制令」に次のような条文が設けられている。

凡そ公文に年を記すべくんば、皆年号を用ゐよ。

すなわち、官から出す文書にも民から出す書類にも、年次を記す場合は、すべて「年号を使用しなければならない」という規定である。具体的には、「古記」が「大宝と記して辛丑と注さざるの類なり」と説明するとおり、従来は年次を干支（十干と十二支の組み合せ）で示してきたが、これからは必ず年号を記すことになったのである。

これは正に画期的な意味をもっている。律令は近現代の憲法にも匹敵する国家の根本法であるが、その中にこの一条を掲げたのは、日本が独立国家として独自の年代表示方法をとること、また日本が統一国家として官民とも同一の年代表記をすることが、明確になったからである。

しかも、このような条文を設けるからには、律令を施行するまでに公式な年号を定めておかなければならない。そこで、文武天皇五年（七〇一）三月二十一日、「対馬嶋より金を貢」したことにして、それを祥瑞とみなし「元を建てて大宝元年と為された」（『続日本紀』）。ここに「元を建て」と記すのは、単に改元するというだけでなく、従来断続的であった年号を、新たに制度化して永続させるスタートに立ったことを意味する。

ちなみに『続日本紀』には、同年の正月元日、「天皇、大極殿に御（おは）しまして朝賀を受く。……文物の儀、是に備はる」とあり、年頭に文武天皇が藤原宮の中央正面に建つ大内裏の大極殿に出御されて、広い殿庭に参集した文武百官から新年の祝賀を受けられたのである。

この「朝賀」では、代替り初めの「即位式」と同様に、天皇が唐風の礼服で「高御座（たかみくら）」に登られ、殿前の庭中に唐風の幡旗を並べ立てるなどの儀容が整えられた。それは隋・唐にひけをとらない国家体制づくりを目指してきた当時の政府にとって、目に見える形で「文物の儀」をようやく完備したことになろう。

しかも、その正月二十三日には、約三十年ぶりに遣唐使が任命され、粟田真人（あわたのまひと）を大使とする一行（山上憶良など数百人）が翌年出発する。彼らは唐の皇帝に多様な献上品を持参したが、その中に完成まもない「新令」が含まれ、それに新年号「大宝」を冠し「大宝（律）令」と明示していたのではないかと思われる。

何となれば、大使の粟田真人は「律令」編纂事業の有力な一員であった。また唐（当時則天武后が「皇帝」となり、国号を「大周」と改称していた）に到着した際、「どこの国の使者か」と尋ねられ、直ちに「日本国の使なり」と答えたところ、その堂々たる態度に感心した唐人が、「しばしば聞く、海東に大倭国あり。これを君子の国といふ。人民豊楽にして礼儀敦行（厚く行う）なりと。いま使人をみるに、儀容はなはだ浄し」と称賛している（同紀慶雲元年七月朔条）。

これによって、わが国は中国（中華帝国）から「東夷」の「倭国」と見下されてきた状況をはね返し、「日出づる処」の「日本国」と自称して独立国家の意気を示したことになろう（これ以降、中国の正史も「倭国伝」を「日本伝」と改称している）。その真人大使が、日本独自の年号を記した国書と律令を持参した可能性は十分ありえよう。

三　奈良時代の代始・祥瑞改元

■1　即位に関わる代始改元

和銅三年（七一〇）、平城京への遷都が行なわれた。先の藤原京遷都から十六年ほどしか経っておらず、庶民の苦難を気遣う元明女帝は必ずしも積極的な態度をとられていない。しかし、当時右大臣の地位にあった藤原不比等は、より中国的な都城のもとで律令制の運用を目指していたようである。最終的に遷都の詔で「衆議忍び難し」と述べられているから、不比等を中心とした貴族層の遷都推進論に女帝も賛同されたことになる。以後、延暦三年（七八四）の長岡京遷都までを「奈良時代」と呼ぶ。

奈良時代の改元の主な理由は、天皇の即位による代始改元（即位改元）と、祥瑞の出現による祥瑞改元である。いずれも、その思想的な源流は中国に求められる。

中国では、皇帝が即位すると改元が行なわれるのが通例であった。日本においても、「大化」の改元が孝徳天皇即位と同時に行なわれた。その後、しばらく即位と改元は連動しないが、やがて慶雲四年（七〇七）六月、文武天皇が二十五歳で崩御されると、母である阿閇皇女が即位し（元明女帝）、翌年の正月、武蔵国秩父郡から銅が献上されたことを理由として、「天地の神の顕し奉れる瑞宝に依りて、御世の年号を改め賜ひ換へ賜はく」と宣言し、改元が行なわれた。この改元の詔にみえる「（天皇の）御世の年号」という言葉には、天皇の治世と年号を連動させて考える姿勢が見える。

ついで「霊亀」改元（七一五）も、元正女帝の即位に伴う。直接のきっかけは、同年八月、高田首久比麻呂（たかたのおびとくひまろ）が、「長さ七寸、闊（ひろ）さ六寸、左の眼は白く、右の眼は赤し。頸に三公を著し、背に七星を負ふ。前の脚に並びに離の卦有り、後の脚に並びに一爻有り。腹の下に赤・白の両点ありて、八の字を相次ぎつ」と、全身にめでたいしるしが散りばめられた亀を献上したことによる。これを受けて、九月の元正女帝の即位の詔には、「瑞亀」を「位に臨まむ初（はじめ）に天、嘉瑞（めでたいしるし）を表せり」とし、改元が宣言された。

さらに聖武天皇は、文武天皇と藤原宮子（不比等の娘）との間に生まれた首（おびとの）皇子であるが、父帝が早く崩じられたので、祖母（元明女帝）と伯母（元正女帝）の中継ぎを経て、即位された。それに先立って養老七年（七二三）に、紀朝臣家より「長さ一寸半、広さ一寸、両眼並びに赤」の「白亀」が献ぜられ、翌年の二月の即位の際、「去年の九月、天地の貺へる大き瑞物」（白亀）と「四方の食国の年実豊か」（全国の豊作）を理由にあげ改元を行なっている。

　このように、「霊亀」改元（元明女帝譲位・元正女帝即位）も「神亀」改元（元正女帝譲位・聖武天皇即位）も珍しい亀の出現を好機として皇位継承の際に行われている。これは「天平」改元（光明子立后）にも「宝亀」改元（称徳女帝崩御・光仁天皇即位）にも踏襲されている（岸俊男）。

　特殊な例としては、淳仁天皇の治世においては改元が行なわれていない。それに先立つ孝謙女帝の即位に際して、「天平勝宝」改元（七四九）が行われ、また孝謙女帝が重祚（譲位した天皇が再び皇位に就くこと）された称徳女帝の場合も「天平神護」改元（七六五）が行なわれている。しかし、その間の淳仁天皇は、当時、権力を掌握していた光明皇太后と、その甥である藤原仲麻呂の強力な支持で立太子・即位し、光明皇太后が崩じた後、仲麻呂とも孝謙太上天皇とも対立し、仲麻呂の敗死した後に廃位され、淡路国へ流されて不審な死を遂げられた（淡路廃帝）。そのため、改元も行ない得なかったのであろう。

　もっとも、孝謙天皇の治世に行なわれた「天平宝字」改元（七五七）は、淳仁天皇（当時は大炊王）の立太子を寿ぐものであったとみられている（仁藤敦史）。

既に見てきたとおり、奈良時代には天皇の即位に伴う改元が、「祥瑞」の出現と連動して行われている。しかし、単に祥瑞の出現を慶賀する「祥瑞改元」も行なわれたことがある。

■2　奈良時代に多い祥瑞改元

その思想的な源流は中国にある。前漢の儒学者・董仲舒（とうちゅうじょ）は、武帝に儒教を国の学問として認めさせ、以後の中国における儒教隆盛の発端をつくった。彼は、地上の政治と天の運行を連動させて考える天人相関説を唱え、皇帝の地位も天命を受けた（天から地上の統治権を授けられた）ことによるものであり、祥瑞は、皇帝が天と人とに共通する道理に応じた政治を行う時に下るとする（「賢良対策」）。逆に国家が悪い政治を行ったならば、天はまず災害を起こし、それでも反省しなければ、また怪異を示し、さらに改めなければ恐ろしい破局（革命＝王朝交替）をもたらすと主張している（董仲舒『春秋繁露』）。

この思想は、日本に中国思想や律令制度がもたらされた際に伝えられた。しかし、日本の場合は王朝交替が歴史上に存在せず、天の思想も、皇室の先祖である天照大神や、それに従う天地の神々に置き換えられて受容された。そして、祥瑞の出現は天皇の「徳」を示すものであり、災害や怪異はその不徳を示すものであるから、戒めにしなければならないという理解も行なわれた。

従って、天皇の即位と連動して、祥瑞の出現による改元が行なわれているのは、祥瑞が出現するほどの「徳」の高い存在なので、皇位に就くのがふさわしい、と示していることになる。逆に災害が発生すると、天皇の徳に対して疑問を呈する人物も現れている。

例えば奈良時代初期の皇族であった長屋王は、神亀四年（七二七）に左大臣の地位にあり、聖武天皇の勅を官人たちに口頭で伝えている。その中に聖武天皇の言葉として、「災異が続いて起こるのは、自らが徳を示すことを怠っているせいか、あるいは官人たちが奉公に勤めないからだろうか」という一節があり、これは天皇の言葉を借りて長屋王が聖武天皇を批判したものともみられている（川崎庸之）。また、同時期の藤原広嗣は、天平十二年（七四〇）、災異の頻発を根拠として「時政の得失」を論じ、聖武天皇の側近であった吉備真備と玄昉（げんぼう）を排除すべしという意見書を提出している。

このような祥瑞の出現や災害・怪異（まとめて災異）の発生は、国家の運営とも関わる重要な出来事であった。そのため大宝・養老令（儀制令など）では、祥瑞の報告を義務づけている。それによれば、地方行政を司る国司・郡司は、自分の管轄する地域で祥瑞が出現したら中央に報告し、中央では治部省が「図書」（祥瑞についての判断の根拠となる書物）を見て、確認する。それが格別めでたい「大瑞」ならただちに天皇へ奏上し、「上瑞」以下はまとめて元日に申し上げる。出現したのが鳥獣の場合は、捕獲し、報告の後に山野へ放ち、それ以外の植物や鉱物などは中央の治部省に送る。慶雲（めでたい雲）や木連理（二つの木の枝が一本につながっているもの）など、持ち運びが難しいものは絵に描いて報告することになっていた。

実際に行なわれた祥瑞による改元としては、飛鳥時代の後半に「白雉」改元（六五〇、長門国から献上された白い雉による）や「大宝」改元（七〇一、対馬国からの黄金の献上による）、および「慶雲」改元（七〇四、備前国からの「神馬」献上と、藤原京で「慶雲」が目撃されたことによる）がある。さらに面白い例として「養老」改元（七一七）がある。

これは、霊亀三年（七一七）九月より、元正女帝が近江国・美濃国へ行幸されたことにはじまる。その際、女帝は美濃国当耆郡で「多度山美泉」を御覧になったのだが、帰京後の十一月、詔を出され「養老」と改元することを告げられた。その詔では、「当耆郡多度山の美泉を覧て、自ら手面を盥ぐに、皮膚滑らかなる如し。亦痛き処を洗ふに、除き愈さざるところ無し。朕が躬に在りては甚だ其の験有りき。また就きて飲浴する者、或は白髪黒に反り、或は頽髪更に生ゆ。或は闇目も明らかなるが如し。自余の痼疾、咸皆平癒す」と告げ、これは中国の祥瑞の例と照らし合わせても「大瑞」に相当するとされている。しかも女帝は翌年、再び美濃国へ行幸し、同じ泉を訪れている。

このような祥瑞は、天皇の「徳」によって出現したとされ、人々に恩典を賜り、喜びを分かち合うことが通例であった。「養老」改元に際しても、儒教道徳にかなう生活を送っている人々を褒賞し、家族のない人々・疾病者・自分で生活できない人々への救済措置などが命じられている。

ちなみにこの時、位を授かった美濃国の介（次官）は藤原麻呂である。彼は後に「天平」改元（七二九）の際、京職大夫として、背中に「天王貴平知百年」と書かれた亀の出現を報告しており、その他にも何度か祥瑞の報告に関わっている。あるいは女帝が「美泉」を祥瑞とした背景に、仕掛け人として彼の演出があったのかもしれない（水口幹記）。

3　四字年号と孝謙・称徳女帝

天平二十一年（七四九）二月、陸奥国から黄金が献上された。時あたかも聖武天皇の発願による東大寺毘盧遮那大仏の鋳造が進められ、鍍金のための金の輸入などが議論されていた最中である。それゆえ国内から金が産出されたことは非常な慶事と受け止められた。その四月には、聖武天皇が東大寺に行幸され、北面して大仏を拝した後、三宝（仏法僧＝仏教）・天神地祇・歴代天皇の霊の力により、黄金という「貴き大瑞」が発見されたことを喜び、「御代の年号に字を加へ賜はく」、すなわち「天平」年号に黄金の産出を感謝する「感宝」の文字を付けて新年号とすることが宣言されたのである。

さらに三カ月後の天平感宝元年（七四九）七月、聖武天皇の譲位を受けて皇太子阿倍内親王が即位し孝謙女帝となり、同日、「天平勝宝」と改元された。四文字の年号も、一年のうちに二度も改元することも、いずれもこれまでに例がない。

そこで、日本の四字年号との関係が指摘されているのが、唐王朝の初期に、中国史上唯一の女帝として君臨した武則天（則天武后）の時代の年号である。

武則天の治世においては、四字年号として「天冊万歳」「万歳登封」「万歳通天」が用いられており、また年内に三つの年号を用いた例が三度ある。おそらく「天平感宝」「天平勝宝」改元もこの例に倣（なら）ったものと思われる。

中国における武則天全盛期の年号のあり方を模倣したのは、光明皇后と藤原仲麻呂（恵美押勝）とされている（瀧川政次郎・松尾光）。中国の制度・思想を積極的に導入することに努めた仲麻呂は、権力を掌握すると、聖武天皇・光明皇后・孝謙女帝に中国風の「皇帝」「皇后」号を贈り、太政官以下の官名も中国風に改めたが、このような官名変更は武則天も行なっている。

天平勝宝七年（七五五）には「思ふ所有るが為に、天平勝宝七年を改めて天平勝宝七歳とすべし」という勅が出されている。この「年」から「歳」への変更は、唐の玄宗が天宝三年（七四四＝天平十六年）に「年」を「載」と改めたことが、天平勝宝五年（七五三）に帰国した遣唐使（吉備真備・大伴古麻呂ら）により伝えられたためとみられている（岸俊男）。

天平勝宝八歳（七五六）五月に聖武太上天皇が崩御すると、翌年には皇太子の地位にあった道祖王（ふなどおう）が廃され、大炊王が皇太子となった。大炊王は夭折した仲麻呂の長男の寡婦を妻としており、その擁立に光明皇后・仲麻呂の意思が働いていたことは明らかである。このような「独り権威を擅に（ほしいまま）」する（『続日本紀』）仲麻呂に反発する皇族・貴族は、左大臣を務めた故橘諸兄（光明皇后の異父兄弟）の子の橘奈良麻呂のもとに結集するが、逆に一掃された（橘奈良麻呂の変）。

その直後「天平宝字」改元が行なわれる。これは駿河国益頭郡（やきず）の人金刺舎人麻自（ひとかなさしとねりまじ）が、蚕が吐いた糸で字を書いているのを発見したことによる。改元の詔によれば、その文字は「五月八日開下帝釈標知天皇命百年息」とあった。「五月八日」は聖武天皇一周忌の斎会が行われた日であり、仏教の神である帝釈天が、皇帝（孝謙女帝）・皇后（光明皇太后）の至誠に感じて天門を開き、陛下（女帝）の治世が百年続くことを告げたもので、国家の安泰を示す「霊字」であるとの結論が出たので、女帝はこれを喜び、改元を行なうこととしたという（『続日本紀』）。

しかし、一貫して仲麻呂の庇護者であった光明皇太后が崩じられたころから、孝謙太上天皇と淳仁天皇・藤原仲麻呂の間に対立が起こった。天平宝字八年（七六四）九月には軍事衝突にまで発展し、最終的に仲麻呂が近江国で一族と共に討たれ、淳仁天皇は廃されて淡路国に流される（藤原仲麻呂の乱）。そして孝謙太上天皇が重祚して、称徳女帝となられ、「天平神護」と改元された。改元の詔には、「賊臣仲麻呂」の反乱に際して「幸いに神霊の国を護り、風雨の軍を助くるに頼りて旬日に盈たずして咸く誅戮に伏しぬ」とあり、「神」が国を「護」ったことにより改元を行うとしている（『続日本紀』）。

約三年後の天平神護三年（七六七）八月、「神護景雲」と改元された。これは同年の六月、都に「麗雲」が出現したことを天皇と侍臣が目撃し、また伊勢国から六月に度会郡の等由気宮（とゆけのみや）（伊勢神宮の外宮）の上に五色の「瑞雲」が出現したと報告され、七月に陰陽寮が「異雲」、八月には三河国が「慶雲」の出現を報告したことによる。式部省はこれを「景雲」「大瑞」と判断し、天皇は伊勢神宮、歴代天皇の霊、三宝（仏教）・諸天（仏教守護の神々）・天地の神のもたらしたものとして改元されたものである。

称徳女帝の治世における「四字年号」は、いずれも「神護」を含んでいる。女帝は淳仁天皇朝に出家されており、その後も尼の姿のままで皇位に就き、僧侶の道鏡を重用しているが、一方で、神社への優遇政策もとられている。とくに称徳女帝は、天平神護元年（七六五）十一月、出家の身で大嘗祭を行い、「神等をば三宝（仏教）より離れて触らざる物ぞとなむ人の念（おも）ひて在る。然れども経を見まつれば仏の御法（みのり）を護りまつり尊びまつるは諸（もろもろ）の神たちにいましけり」として、仏と神とを一体のものとして祭祀を行なうという姿勢を示されている。この時代の二つの四字年号は、聖武天皇の後継者であり、神と仏の加護を受けて皇位に就いた称徳女帝が自らの位置づけを示すものとして定められたとみられる。

コラム　「上野三碑」の年代表記

「大宝令」の注釈書「古記」に、「儀制令」の本文を注釈して、従来は干支（十干十二支の組み合せ）により示してきた年代表記を、今後は必ず年号により記すことになったのだ、と説明している。しかも、それは見事に実施されていた。

たとえば、最近「世界記憶遺産」にも登録された「上野三碑」（群馬県高崎市内に現存する石碑）を見てみよう。まず最古の「山上碑」は、放光寺の僧長利が亡き母黒売刀自のために建てた碑であり、冒頭に「辛巳歳（六八一）集（十）月三日に記す」とある。

ついで「多胡碑」は、「多胡郡」ができたことを記念する碑であり、公文書そのものが「符す。上野国の……三郡の内、三百戸を郡となし、羊（在地の豪族）に給ひて多胡郡と成せ。和銅四年（七一一）三月九日甲寅に宣る」と刻まれている。

さらに「金井沢碑」は、豪族三家氏が「七世の父母と現在の父母の為に……天地に誓願して仕へ奉る石文」であり、末尾に「神亀三年丙寅（七二六）二月二十九日」と記されている。

　この三碑を見較べて判るのは、上野という都から遠い地方でも、年次の表記が大宝元年（七〇一）を境にして、干支から年号へと切り替えられていることだ。まして中央の藤原京や奈良京の跡から出土した「木簡」や太政官に提出された「戸籍」などには、文武天皇四年（七〇〇）までが干支で、翌年からは年号で的確に書かれている。

コラム　不思議な「白鳳」と「白鳳文化」

「白鳳」というのは、公式の年号かどうか、はっきりいうことが難しい。『日本書紀』によれば、孝徳天皇朝の「大化」六年（六五〇）に「白雉」と改元されたことは間違いない。

しかし、神亀元年（七二四）の詔に「白鳳以来、朱雀以前」と記され（『続日本紀』）、天平九年（七三七）の太政官奏に「白鳳の年より淡海（近江）の天朝（天智天皇朝）まで」と書かれている（『類聚三代格』）。この「白鳳」は「白雉」と同一年次を指しているから、「白鳳」の称が公的に使用されていたことになる。

しかも、「白雉」は五年で終っているが、「白鳳」を「白鳳時代」とか「白鳳文化」という表現で使う場合、大化改新（六四五）のころから平城京への遷都（七一〇）のころまでを含む。これは文化史上、それ以前の「飛鳥文化」から、それ以後の「天平文化」への中間にある美術作品などのイメージを表わす用語として、今も広く使われている。

第三章　平安朝史の展開と年号

三善清行（『扶桑皇統記図会』）

一　桓武天皇と嵯峨天皇の改元

■1　「天応」の辛酉元日改元

称徳女帝は神護景雲四年（七七〇）八月四日に崩御された。しかし、後継者の皇太子を定めていなかったので、貴族の合議により六十二歳の大納言・白壁王が推戴（すいたい）されて皇太子となり、二カ月後に即位し、光仁天皇となられた。天武天皇の皇后であった持統女帝と、草壁皇子の妃であった元明女帝（ともに天智天皇の皇女）を除けば、奈良時代の全ての天皇は天武天皇の血を引いている。それに対して、白壁王は天智天皇の孫にあたる。

しかし、光仁天皇の皇后は、聖武天皇の皇女で称徳女帝の異母妹・井上内親王であり、二人の間に生まれた他戸（おさべ）親王が皇太子となられた。いわば光仁天皇は入り婿のかたちで即位したのである。その意味では、称徳天皇までの王権を継承する存在であったことになる。

ところが、宝亀三年（七七二）、井上内親王は突然皇后を廃され、まもなく皇太子の他戸親王も廃される。代わって皇太子となられた山部親王（のちの桓武天皇）は、父が光仁天皇、母が渡来系氏族の血を引く高野新笠（たかののにいがさ）である。まもなく即位された新天皇は、奈良時代の王権との決別を企図して、延暦三年（七八四）に長岡京、ついで延暦十三年（七九四）に平安京遷都を行われた。「平安時代」はここからはじまる。

王権の変化は、年号のあり方にも影響を与えている。光仁天皇の即位改元による「宝亀」年号は、奈良時代からしばしば行われた祥瑞（しょうずい）としての亀の出現によるものであった。しかし、宝亀十二年（七八一）一月一日に行われた「天応」改元は、奈良時代の年号には見られない特徴があることが指摘されている（林陸朗）。

まず①その改元理由が伊勢斎宮への美雲の出現であるにもかかわらず、年号の文字が、具体的な祥瑞を示す漢字（「亀」や「雲」など）ではなく、天人相関思想に基づく、嘉字（かじ）・嘉語（かご）（めでたい文字・言葉）を用いたものであること、②改元の行われた年と日が、干支でいう「辛酉（しんゆう）」の年と日にあたること、最後に③改元が行われてから約三カ月後の四月三日に光仁天皇が譲位され、桓武天皇が即位しておられることである。

このうち、③は「天応」改元が桓武天皇の即位を準備するものとして行われたことを意味する。また①は、年号についての理解が、具体的・呪術的なものから、より抽象的・思想的なものへと変化していることを示す。さらに②の辛酉にちなむ改元は、中国の辛酉革命説が影響していると考えられる。

辛酉革命説とは、十干十二支の組み合わせが、六十年に一度、辛酉になる年、大きな変革が起こるという、中国の讖緯（しんい）説と呼ばれる予言の思想である。のち三善清行により主張され、「延喜」改元（九〇一）が行われてからは、辛酉年の改元は恒例となる。しかし、それ以前から、同様の思想がもたらされていたと思われ、養老四年（七二〇）に完成した『日本書紀』も、「辛酉の年の春正月、庚辰の朔（ついたち）、（神武）天皇、橿原宮に於いて即帝位す。是の歳を天皇元年と為す」としている。これは『日本書紀』の編纂者の、神武天皇即位という大変革は辛酉の年に起こったに違いないという判断からであろう。

この「天応」改元が、辛酉の年と辛酉の日に行われたのも、決して偶然ではない。というのも、天応元年正月一日は、本来「庚申」にあたるにもかかわらず、「小の月」（二十九日）の十二月を「大の月」（三十日）とすることにより、翌年一月一日を「辛酉」にする暦の操作が行われたと指摘されている（細井浩志）。ここには、大きな変革が起こるとされる「辛酉」を強調し、新年号により、近く即位する皇太子の革新的な姿勢を強調したいという意図が働いていたと思われる。また、元日の改元も、中国には多いが、日本ではこれ以外にないことも注目に値する（所功）。

桓武天皇は百済から帰化した（武寧王の子孫と称する）和氏出身の母を持ち、若いころ大学頭を務めるなど、大陸文化に親しみ、学問に励みながら成長したとみられる。そのため、大陸思想に基づく新しいかたちの年号を用いることで、奈良時代の天皇と違う、新しい天皇のあり方を示そうとしたのではないだろうか。

桓武天皇の即位から八カ月後の年末、光仁太上天皇が崩御し、さらに一年たらずで年号が「延暦」と改元された。その改元詔書では、天皇の即位と祥瑞の出現によるとしている。しかしむしろ、祥瑞についての具体的な言及はなく、五穀の豊かな実りを吉兆とみていたように読み取れる（実際には災害と凶作に悩まされていた）。そして、

殷周以前、未だ年号有らず。漢武に至りて始めて建元と称す。茲より厥の後、歴代因循す（古いしきたりに従って改めない）。是を以て、継体の君、受禅の主（いずれも皇位継承者）、登祚（皇位に就く）して開元（改元）せざることなく、瑞を賜りて号を改めずといふことなし。

と、中国の故事をもとに即位改元を宣言している。このように「延暦」改元（七八二）

は具体的な祥瑞を伴わず、中国の年号の歴史を詔（みことのり）において述べることで、「天応」以上に、奈良時代との違いを明確にしており、年号の性格にも時代の転換が表われている。

■2　即日改元から踰年改元へ

延暦二十五年（八〇六）三月、桓武天皇の崩御当日、皇太子安殿（あて）親王が践祚（せんそ）して平城天皇となり「大同」と改元した。正史『日本後紀』は、この事実について、以下のように異例の批判を行っている。

大同に改元すること、礼に非ざるなり。国君即位せば、年を踰（こ）へて後に改元するは、臣子の心、一年にして二君有るに忍びざるに縁（よ）れば也。今未だ年を踰へずして改元す。先帝の残年を分かちて当身の嘉号と成すは、終はりを慎みて改むることなきの義を失ひ、孝子の心に違（たが）ふなり。之を旧典に稽（かんが）ふれば、失と謂（い）ふべきなり。

すなわち先代の君主が崩じたならば、年を越えてから改元するべきである。なぜなら、年内に改元すると、君主が一年に二人いることになり、臣下として二君に仕えることになるからだ。平城天皇が年内に改元したのは孝の教えに反し、古典に照らしても誤りというべきである――このような激しい批判を正史が天皇に対して加えるのは異例のことである。

この考え方の源流は中国にある。第一章で述べたように、年号の決定は、皇帝の時の支配と密接に結びついたものと考えられていた。それゆえ、中国ではごく一部の例外を除いて、前皇帝の崩御した翌年の早い時期に改元を行うのが恒例である。ただ時を支配する皇帝の地位に就く一族が交替する易姓革命の際には、新皇帝の即位と共に改元が行われている（土橋誠）。しかし、中国東北地方に存在した渤海国では、即位と同時の改元が多い。

この点、奈良時代以来の事例は、新帝即位と同時の改元（即日改元）が四例、年をまたいで改元する例（踰年改元）が二例ある。

桓武天皇の「延暦」改元も踰年改元に類する。とはいえ、平城天皇の「大同」改元が、即位同日だから非礼という思想はまだ一般的ではなく、踰年改元が礼制にかなうという『日本後紀』の評価は、平城天皇の弟である嵯峨天皇が唐風の儀式・法制を重視して整備されたころから生まれたものとみられる（清水潔）。

嵯峨天皇は、兄君の譲位を受けて、大同四年（八〇九）四月一日に即位し、翌五年（八一〇）の九月十九日に「弘仁」と改元されている。平城上皇は病によって譲位されたのだが、その後、健康を回復して政治への関心を再び強められ、次第に嵯峨天皇との対立を深め、「二所朝廷」と呼ばれる分裂状態を呈することとなった。そして大同五年の九月、軍事的な衝突に至り、上皇が出家されて事態は沈静化した（薬子の変）が、「弘仁」改元はこの直後に行われたのである。この場合の踰年改元は、平城上皇に遠慮して改元していなかったのが、ようやく達成できたという印象がある。

皇位継承の後、年内の改元は控えるという考え方は、それ以後の恒例となり、平安中期の『新儀式』（逸文）にも「践祚は明年改元の事有り」（年内の改元は非礼、誤りなり）と明示されている。

■3　平安初期の「一世一元」

天皇一代ごとに一年号という制度は、中国の明・清王朝で行われ、日本でも明治以降、恒例となった。しかしすでに平安時代初期にもほぼ一代一年号という在り方がみられる。もちろん後の時代のように制度的なものではなく、結果としてそうなったのである。

まず桓武天皇の「延暦」は約二十五年であり、以後、平城天皇の「大同」は約四年、嵯峨天皇の「弘仁」は約十三年、淳和天皇の「天長」は約十年と三代にわたり続く。桓武天皇はみずから「延暦敕定（勅定）」という印を用いておられる（宮内庁書陵部蔵の王羲之「喪乱帖」、前田育徳会蔵の王羲之「孔侍中帖」に確認できる）。奈良時代のような再三の改元とは異なる、君主と年号の強い結びつきが示されている。「延暦」の約二十五年というのは、「昭和」（約六十二年）・「明治」（約四十五年）・「応永」（約三十五年）・「平成」（約三十年〈予定〉）に続く、歴代五位の長さである。

　大きな変化があったのは、仁明天皇の治世である。その即位改元による「承和」年号は、十年以上続いたが、十五年目（八四八）に「嘉祥」と改元された。

　その経緯は以下の通りである。まず六月初めに、左右大臣ら公卿十三人が、大宰府から提出された白亀という祥瑞を祝賀する上表を行った。その後、祥瑞の評価をめぐる仁明天皇とのやりとりを経て、十三日に祥瑞による改元が行われている。

　この時の右大臣であった藤原良房は、嵯峨天皇側近として活躍した藤原冬嗣の子であり、嵯峨天皇の皇女である源潔姫を妻とし、嵯峨太上天皇の崩御後も廟堂において重きを成した。やがて人臣初の摂政となり、幼少の清和天皇を補佐し、政務の代行を行なうまでになっている。

　この「嘉祥」改元に至る経緯も、一見儀礼的なやり取りに見えるが、その背後に、仁明天皇と良房の政治的主導権をめぐる対立があり、改元という天皇の大権に臣下が介入する端緒となったともいわれている（佐伯有清・中野渡俊治）。

この後、文徳天皇朝には「仁寿」「斉衡」「天安」と三度改元された。清和天皇朝では「貞観」、陽成天皇朝では「元慶」、光孝天皇朝では「仁和」、宇多天皇朝では「寛平」と、再び「一世一元」的なあり方がみられる。

ただ、宇多天皇の即位後の「寛平」改元（八八九）は、即位から三年経っていた。この天皇は、いったん臣籍に降って源定省となりながら、父帝（光孝天皇）の意向で皇位に就かれた。それは関白藤原基経（良房の甥で養子）の諒解をえて実現したが、即位後に対立を生じ（阿衡の紛議）、改元も大幅に遅れることになったのである（清水潔）。

摂関政治の基礎を築いた藤原良房と藤原基経のために、改元に関係して天皇と藤原氏の対立事件が生じ、これにより「一世一代」的あり方が乱れる結果を招いた。藤原氏の勢力拡大が、年号の決定にも影響を与えており、これ以後の改元が多くなる前提となったとみられる。

二 「延喜」以降の革年改元

1 三善清行の「辛酉革命」論

平安中期以降、飛鳥・奈良時代以来の「代始改元」「祥瑞改元」「災異改元」に加えて、「革年改元」が恒例化する。これは中国由来の予言思想である「讖緯説」に基づき、大きな変動が起こると予想される「辛酉」「甲子」の年に前もって改元しておくというものである。その最初の例が、文人官吏の三善清行の主張により行われた「延喜」改元（九〇一）である。

三善清行（八四七〜九一八）は、ほぼ同年代の菅原道真に較べると、恵まれない家に生まれ、文人官吏としての出世も遅れがちであった。

昌泰三年（九〇〇）、文章博士の三善清行（五十三歳）は、右大臣の菅原道真（五十五歳）に書を呈して、「術数」の知識に基づき、「明年は辛酉、運変革に当り」大きな動乱が起こる事が予想されるので「其の止足を知り、其の栄分を察せよ」と辞職を勧告した。その一方で、朝廷に対して意見書（「予革命を論ずの議」）を提出し、「易説によりて案ずるに、明年二月は帝王革命の期、君臣剋賊の運にあたれり」とし、朝廷は災いを未然に防ぐようにと論じている。その翌年の昌泰四年（九〇一）正月、菅原道真は突如その地位を追われ、大宰権帥（だざいごんのそち）として、九州へ左遷されることになった。これは左大臣の藤原時平が中心となり、菅原道真を排除しようとする、一種のクーデターであった（昌泰の変）。清行の予言は的中したことになり、この事件以来、彼の「術数」の知識が朝廷において重視され、改元について意見を求められた。

それに対して同年二月二十二日、清行は、「改元して天道に応ぜむことを請ふの状」、いわゆる『革命勘文（かくめいかんもん）』を提出した。その骨子は次に示す「証拠四条」である。

第一　今年（昌泰四年）大変革命の年に当たる事
第二　去年の秋、彗星見ゆる事
第三　去年の秋以来、老人星見ゆる事
第四　高野天皇（称徳女帝）、天平宝字九年を改めて天平神護元年と為すの例このうち、第一は、『易緯』に基づき、干支一巡（六十年）のうち、辛酉を「革命」、甲子を「革令」の年とし、特に辛酉を変革の起点（蔀首）とする。更に、最初の起点から、四六（二百四十年）・二六（百二十年）の「天道大変」を相乗して得られる千三百二十年の周期を一蔀とする。そして清行は「倭漢の旧記」を引用して、今年（昌泰四年）がその周期の年にあたることを主張する。

清行は、神武天皇の即位の年（『日本書紀』によればBC六六〇）が辛酉年であることから、これを起点（蔀首）とし、それから千三百二十年後の斉明天皇七年（六年の誤りか、六六一）を天智天皇即位の年として、一周期とみなし、更にそこから四六＝二百四十年経った今年こそが「大変革命の年」であると論じている。

これ以外にも、中国や日本の様々な歴史的事件を配列し、自らの理論の正しさを証明しようとしているが、かなり強引な作為がみられる（所功）。『日本書紀』をみても、辛酉年の大きな出来事といえば、神武天皇の即位以外はほとんどない。清行が辛酉年の出来事とする推古天皇九年二月の「上（聖）徳太子、初めて宮を班（斑）鳩村に造る。事大小となく、皆太子に決す」、斉明天皇七年七月の「（斉明天皇）崩ず。天智天皇即位」という記事も、傍点部分は清行の作文であり、史実とはいえない（聖徳太子の摂政は推古天皇元年から、天智天皇は斉明女帝崩御から七年間「称制」の後に即位された）。しかし、清行は「去年以来、明年革命の年に当たることを陳ぶ。今年に至りて徴験已に発す」として、まさに昌泰の変は予言が的中したことの証明としており、勘文を受け取った朝廷も、それを否定することは出来なかったようである。

その後、五月十三日にも改めて「改元を請ふの議」を提出し、同趣旨の内容を繰り返し論じており、最終的に七月十五日、「延喜」と改元されている。

■2　「延喜」改元の複雑な理由

「延喜」の改元詔書は現存しないが、『扶桑略記』（裡書）昌泰四年八月二十九日条に「逆臣辛酉革命、老人星の事に依りて改元の由」とあり、「逆臣」（政治的陰謀事件）と辛酉革命、祥瑞とされる老人星の出現が改元の理由とされたことがわかる。辛酉革命説が未だ一般的ではなく、それのみでは改元の理由とはなり得なかったことを示すものであろう。

また、当時大宰府にいた菅原道真が、都から届けられた改元詔書について詠んだ詩「開元詔書を読む　五言」にも、「開元の黄紙の詔　延喜　蒼生に及ぶ　一つは辛酉の歳のためになり　一つは老人星のためになり」とあり、さらに「独り鯨鯢の横れる有り（具に詔書に見ゆ〕……人は謂ふ　汝の新しき名なりと」とあり、改元の理由としての辛酉革命と老人星、そして道真を「鯨鯢」（不義の人）として批判するような文言があったと思われる。

昌泰の変の後、まもなく大学頭となった三善清行は「左丞相に奉る書」として、左大臣藤原時平に書を送っている。そこでは道真の弟子で官吏となっているものは左遷され、その教えを受けていた文章生・学生たちは放逐されるという噂が流れ、皆悲しみ恐れているとし、道真の門人弟子は官司に多く在籍しており、それらを全て左遷すれば人材を失う事になると述べている。

昌泰の変は、結果的には菅原道真とその子たちの左遷のみで事態は収拾された。「延喜」改元はこの政変を、道真とその子弟だけの問題とすることでいったん決着をつける意味があったのかもしれない。

なお、「延喜」年号の文字を選んだのは、道真とも親しい左大弁紀長谷雄であるが、『扶桑略記』によれば、道真左遷の報を聞いて駆け付けた宇多法皇が内裏に入ろうとしたのを押しとどめたのは彼であるという（『江談抄』などでは蔵人頭藤原菅根）。三善清行が改元の理論的背景を述べ、紀長谷雄が文字を選んだ「延喜」改元は、菅原道真失脚後の文人官吏たちが、醍醐天皇・藤原時平に従うほかなかったことを示すものであろう。

■3　「辛酉」「甲子」改元の慣例化

三善清行は「辛酉」の革命、「甲子」の革令をそれぞれ六十年に一度の大変動が起こる年と論じたが、「辛酉」から四年目の「甲子」改元は行われていない（「延喜」は結果的に二十三年間続き、後世「延喜の聖代」と称されている）。しかし、「甲子」革令の改元が行われたのは、六十年後の村上天皇朝からである。まず辛酉年にあたる天徳五年（九六一）は、二月十六日に「応和」と改元された。その詔書に「比年、災異しきりに臻り、去秋、皇居孽火の妖、急に起こる。此の年、辛酉革命の符、既に呈せり」とあり、前年（九六〇）の内裏焼亡と、今年が辛酉年に当たることを理由としている。改元と同じ日に新造内裏の柱が建て始められているから、この改元の主な理由は、平安遷都以来の内裏焼亡（いわゆる「天徳の大火」）であり、それとあわせて辛酉革命が想起されたのであろう。

続いて甲子年にあたる応和四年（九六四）の改元については、はやくから論議が行われている（『応和四年革令勘文』）。

まず応和二年（九六二）三月二十一日に算博士の大蔵具伝と小槻糸平が諮問に対して、

『易緯』を根拠として改元を行うべきとする勘文（諮問への回答文書）を提出した。ついで同年十二月二十二日、天文博士の賀茂保憲（安倍晴明の兄弟子）が、『詩緯』に基づき、応和三年は「大剛の運」、応和四年が「革令の期」に当たると論じた（改元の是非については言及せず）。さらに応和四年五月二十八日、大学寮直講である時原長列が『開元暦紀経』に基づき、「今年甲子の年に当たり、徳化を施さるべき」と改元に賛成した。ところが同六月十七日、三善道統（清行の孫）が、同じく『開元暦紀経』に基づきながら、革令は応和四年から三百八十年後であり、まだ革令の時には至っていないと改元に反対している。

算道・天文道・儒学の専門家、そして三善清行の子孫がそれぞれ違う意見を提出してきた。そこで困られた村上天皇は、六月十八日に関係者を蔵人所に呼び、「今年革命の年に当たるや否や」と再び意見を求められたところ、道統は「祖父清行朝臣が伝へる所の王肇『開元暦紀経』を案ずるに、今年革命に当たらず。但し易説ならびに詩説も無きに非ず。依りて徳行を施さるるに何の妨げあらんや」と、易説・詩説に基づいて改元することも構わないと述べ、保憲も「道統、家の所説に依って陳申せり。尤も然るべし」と同意した。そこで改元を行うことになり、辛酉革命と甲子革令の際の改元が出揃ったのである。

続いて寛仁五年（一〇二一）の辛酉革命を理由とした「治安」改元に際しても、同様の議論が行なわれている。当時、藤原道長は摂政・太政大臣を辞して出家し、「入道殿」と呼ばれていたが、息子の摂政藤原頼通を後見する立場であり、本来朝廷で決定すべき改元を、私邸で側近たちとかなりの部分まで決めている。大納言藤原実資は、まず辛酉革命による改元の是非を議論すべきところ、道長邸にて改元が決定したことに憤激し、年号を決定する陣定を欠席している（『小右記』）。

さらに、平安末期の院政期には、辛酉革命・甲子革令による改元を、暦の上の計算に基づくのではなく、ある種の先例として行われるようになる。たとえば承暦五年（一〇八一）は辛酉革命にあたるが、二月十日の年号定では、大納言源俊房が「前蹤を尋ぬれば、革命に非ずと雖も、辛酉の年に至るごとに、徴祥の変を懼れ、かつは号令を改め、かつは徳政を施せり」（『水左記』）と述べている。計算上は辛酉革命に当たらないかもしれないが、先例では辛酉の年には年号を改めているから従う、という先例踏襲主義であった。

こうした中で、清行は先例を作った人物として、その『革命勘文』が「善家の秘説」などと呼ばれ参照されている。清行の子孫はその後数代で途絶えてしまったようである。しかし鎌倉時代に算博士の三善家が復興された際に、その系譜が、三善清行と結びつけられた（『南家系図』）のは、貴族社会で彼の名が長く語り継がれていたからであろう（所功）。

三　多様化する災異改元

1　天変・地異による改元

平安中期に入ると、従来の即位改元や祥瑞改元に加え、辛酉年・甲子年の革年改元、および災害などを理由とした災異改元が多くなる。例えば村上天皇朝の撰とされる『新儀式』（逸文）には、「又或は嘉瑞に拠り、或は変動を以て、一代の間に再び改元有り」とあり、即位改元が行なわれた後、嘉瑞（祥瑞）のほか、変動（災異など）を理由とした改元が恒例となっていたのである。

日本における災異改元の実例は、祥瑞改元よりかなり遅く、平安時代、醍醐天皇朝の「延長」改元（九二三）を以て嚆矢とする。そして災異のたびの改元は、年号の数を爆発的に増加させることとなった（逆に祥瑞改元は姿を消す）。

このような災異改元が増加して、平安時代に入ると、陰陽思想や御霊(ごりょう)信仰などが流行し、迷信・俗信が増加したため、何かあると改元するという風潮が広まったためとみられる

（瀧川政次郎・所功）。確かに十世紀ころから、様々な宗教的要素を取り込んだ呪術・宗教的な「陰陽道」が盛んとなる。また、様々な災害や予兆とされる現象が「怪異」と総称され、神仏のメッセージとして祭祀や祈禱を行って解消するというかたちをとるのもこの時期である（榎村寛之・大江篤）。そのため災害などが発生すると、年号を改めることで更に悪いことが起こるのを防ごうとしたのだと考えられる。

わが国の最初の災異改元は、醍醐天皇朝の「延長」改元（九二三）である。その理由は「水潦」（長雨）と「疾疫」（流行病）によるとされる（『日本紀略』）。『江談抄』によれば、天皇の側近であった源公忠が頓死して冥界に行き、菅原道真の霊と思しき人物が醍醐天皇の罪状を訴えているのを聞いた冥界の役人が、天皇の罪状はよくわかったが「若しくは改元あるか」（改元があればどうしようか）と言ったのを目撃し、やがて蘇生した公忠が天皇に報告したところ、改元が行なわれたという。これは『北野天神縁起絵巻』にも絵画化されている有名な説話であるが、承平から天慶年間（九三〇年代から九四〇年代）に成立したとされる『北野天神御伝并御託宣事』に既に記されているため、何らかの史実をもとに語られた可能性が高い（勝部香代子）。

菅原道真の怨霊に対する恐怖が高まりつつあった当時、この改元に際して公卿らが年号案を選んで上奏したところ、醍醐天皇は、年号の文字について「博士勘申の字不快」として自ら代案を示し、「仍りて勅定有り」とされている（『西宮記』）。天皇の改元への真剣な姿勢を読み取ることが出来よう。

彗星の出現を災異として改元した最初は、一条天皇朝の「永祚」改元（九八九）である。この時、六月一日から七月半ばまで「通夜彗星東西の天に見」え、さらに地震も起きたので、八月に改元が行なわれた（『日本紀略』）。この彗星は約七十六年ぶりに地球に接近したハレー彗星であった。

地震を災異として改元した例としては、院政期の「永長」改元（一〇九六）・「承徳」改元（一〇九七）がある（平安前期の「貞観大地震」などでは改元は行われていない）。嘉保三年（一〇九六）の十一月二十四日の辰刻（午前八時頃）、「六箇度の大地震」が二時間にも及び（『後二条師通記』、『中右記』）、その後も翌年一月まで余震が相次いだ。

右中弁の中御門（藤原）宗忠が、堀河天皇のご在所であった閑院御所を訪れると、天皇は釣殿から前庭の池に舟で避難されていた。大内裏では応天門が傾き、大極殿の柱がずれて瓦が落ちかかっていた。近江国では勢田橋が崩落し、大和国では東大寺の鐘が落ち、まもなく伊勢国の阿乃津で民戸が大波浪で多く流出し、駿河国の社寺・民戸四百余が流失したとの報告も伝えられた（『中右記』、『後二条師通記』）。これは南海トラフを中心にした巨大地震であるとみられている（石橋克彦）。地震の発生から間もない十二月九日、年号勘文の提出が命じられ、十七日に、新年号は「永長」と決定された。

しかし、翌年の八月にも地震が起こり、大雨・洪水・彗星の出現などが相次いだため、十一月二十一日に再び年号定が行なわれ「承徳」と改元された。

ところが、承徳三年（一〇九九）一月二十四日には、三たび大地震が発生する。京の被害は少なかったが、大和国では興福寺の大門・廻廊などが転倒し、摂津国では四天王寺の廻廊や樹木が倒れるなどの被害が出た（『後二条師通記』、『太子伝古今目録抄』）。五月には疫病の流行などもあり、八月二十八日に改元定が行なわれ、「康和」と改元されている（『中右記』）。

また、革年改元に類する暦の上のタブーを理由とした改元として、「陽五の御慎み」（『日本紀略』）による「天元」改元（九七八）、「即位ならびに陽九・三合厄」（『帝王編年記』）による「承保」改元（一〇七四）がある。この「陽五」「陽九」「三合厄」というのは陰陽道による厄年のようなもので、「治暦」改元（一〇六五）、「寿永」改元（一一八二）の際にも「三合厄」が改元の理由とされている。

■2 疾病・兵乱による改元

地震と同様に、長期間にわたる災害により数度の改元をもたらすものとして、疫病の流行がある。平安時代中期、一条天皇朝の正暦五年（九九四）、九州から始まった疫病（赤斑瘡、麻疹と推測される）は全国に広がり「今年、正月より十二月に至る、天下疫癘（えきれい）最も盛ん。……七道（全国）に遍満す」（『日本紀略』）となった。平安京内も例外ではなく、「春より煩ふ人々多く、道・大路にもゆゆしきものども多かり」（『栄華物語』）となり、年を越しても収まる気配がなかった（最終的に京都の人口の大半、五位以上の貴族も六十七人が疫死したという）。そこで二月十三日に改元定が行なわれ、「長徳」と改元された。この時、参議であった藤原公任は「長徳、俗忌有るに似たり。長毒と謂ふべきか。又日本の年号、徳の字、只『天徳』也。彼の年疫癘、又内裏焼亡有り」と同じく参議の藤原実資に語り、「長徳」が「長毒」に通じると危惧を示している。神経過敏のような気もするが、その後の経緯を見ると、決して杞憂ではなかった。

関白藤原道隆は改元の二カ月後、四月十日に四十三歳で薨去した。この時点で既に大納言藤原朝光が病死しており、道隆の死後、関白となった弟の道兼も就任後まもない五月八日、病に倒れ、「七日関白」と呼ばれた。この前後に左大臣源重信・中納言源保光・同源伊陟（これただ）も疫死しており、国政を担う公卿の大半が不在という異常事態が発生した。そのため、藤原道隆・道兼の弟で権大納言の藤原道長が、五月十一日、「内覧」（大臣の地位にいないものによる関白の職権代行）を命じられ、同年六月に右大臣、翌年七月には左大臣となる。

その後も、疫病は頻繁に流行した。三年後の長徳四年（九九八）七月には再び「赤斑瘡」が流行し、「今年天下夏より冬に至り、疫瘡（えきさう）遍発す。六・七月の間、京師（けいし）（京都）男女死者甚多し。……之を赤斑瘡と謂ふ。主上（天皇）より始めて庶人に至るまで、上下老少此の瘡を免るること無し」（『日本紀略』）、「いと赤き瘡のこまかなる出て来て、老いたる若き、上下分かずこれを病みののしりて、やがていたづらになるたぐひもあるべし」（『栄華物語』）という惨状に至った。

これに先立ち、長徳三年の二月と七月、文章博士の大江匡衡（まさひら）と三善道統から年号案が提出され、翌年二月、菅原輔正も年号案を提出している。しかし、この改元の動きはしばらくして止まった。その間に再び疫病が流行し始めたので、蔵人頭の藤原行成は同四年七月に改元も大赦も行なわれないのを「世間奇と為す」と記している。しかるに、その後も改元の動きが遅れ、ようやく翌年正月十三日に「長保」と改元されている（『権記』）。

また、争乱も災異とみなされ、改元されたことがある。たとえば、平将門の乱と平忠常の乱の時には、それぞれ「天慶」（九三八）、「長元」（一〇二八）と改元されている。また天永四年（一一一三）には、清水寺別当の地位をめぐり、比叡山延暦寺と興福寺の僧兵が再三朝廷に強訴を行なうと、朝廷は社寺に奉幣・祈禱を命じるとともに「永久」と改元して、事態の沈静化に努めている。

さらに保元元年（一一五六）七月、皇室と摂関家の内部対立に、武士の軍事力が結びついて起こった「保元の乱」で、後白河天皇と藤原忠通、源義朝・平清盛らが勝利し、藤原頼長が敗走中に死去、崇徳上皇は讃岐国に配流された。以後「ムサ（武者）ノ世ニナリニケル也」と慈円が『愚管抄』で歎いている。

その後、二条天皇（後白河天皇の子）の即位に伴う代始改元として「平治」改元（一一五九）が行なわれた。『平治物語』には「平氏繁盛して天下を治むべき年号かと申せしが、果して源氏滅びて平家世を取れり」としながら、「其時、大宮左大臣（藤原）伊通公は、此年号甘心せられず、平治とは……平地なり。高卑なからんかと咲給ひし（わらひ）」という出来事があったとする。ここで伊通は「平治とは平地に通じ、高卑、つまり身分の秩序が失われることに通じる」と危惧したわけだが、果たして改元から八カ月後、源義朝が挙兵し、皇居に武士が入り込み、当時の二条天皇と後白河上皇が追い出されるという事態に至った。まさに「高卑」なき事態に至ったのである（『顕時卿改元定記』によれば、伊通の放言は、実際には平治の乱を理由として行われた「永暦」改元の際の出来事だという）。その後、熊野にいた平清盛が都に戻り、義朝を討ち（平治の乱）、以後、平家の繁栄を見ることになる。

治承四年（一一八〇）、反平家を掲げる以仁王（もちひとおう）と源頼政の挙兵を契機として、各地の武士団が挙兵し、全国的な内乱となった（治承・寿永の内乱）。まもなく安徳天皇の即位に伴う代始改元として「養和」と改元（一一八一）されたが、翌年「飢饉・兵革・病事・三合」を理由として再び改元が計画された（『百練抄』）。

その時、後白河法皇は、安徳天皇が即位してまだ大嘗祭も行なっていないのに、二度も改元することを問題にされた。それに対して右大臣の九条（藤原）兼実は、災厄を祓うための改元なら何度行なってもよいのだ、と主張し（『玉葉』）、議論の末、最終的に「寿永」と改元されている。

その後、平家は安徳天皇を奉じて西走し、寿永二年（一一八三）八月、後白河法皇のもとで後鳥羽天皇が即位された。しかし三種の神器は平家のもとにあり、兵乱も収まらないままなので、即位式も出来ない状況であったが、翌年（一一八四）四月、代始改元のみを行っている。この時も、最終的には「元暦」で決着したが、年号案として提出された「弘保」について「弓」の字を含むので不吉だという意見が出ており、打ち続く戦乱に公卿たちも神経質になっていたことがわかる（『元暦改元定記』所引「九槐記」）。

■3　改元に伴う「恩赦」

改元に際しては、一定の刑罰の免除、即ち大赦（恩赦）を伴うことが多い。すでに日本では「白雉」改元の詔からみえるが、継続して行われるようになったのは「大宝」改元（七〇一）以降である。これは後漢以来の中国の制度を継受したものであるが、異なる部分も多い。奈良時代の改元に伴う恩赦は、しばしば祥瑞出現と一体になっているが、中国では祥瑞出現による大赦が少なく、即位に伴う改元の際に行われた。

日本では光仁天皇による「宝亀」改元（七七〇）以降、代始改元に伴う大赦は行われず、逆に災異改元に際してはしばしば大赦を伴っている。中国の即位に伴う改元・大赦は、新しい皇帝による国家秩序の再構築を意味しており、いわば不可分のものであったのに対し、日本における大赦は災厄を祓う、一種の祭祀・呪術として行われた（佐竹昭）。

大赦の対象から外れる（赦免の対象にならない）罪として、八虐（謀反・謀大逆・謀叛・

悪逆・不道・大不敬・不孝・不義）のほか、故殺・謀殺（殺人）、強窃二盗、私鋳銭（貨幣偽造）がある。このほか、平安末期になると、改元の際に神社の訴訟関係者（主に伊勢神宮と石清水八幡宮の権益を侵した者）は大赦の対象者から除くとする例がみえる。

たとえば、「長治」改元（一一〇四）の際、堀河天皇から、神社の訴えに関する者は赦の対象から外すようにとの仰せがあり、伊勢神宮の訴えに関するもののみ外された（『中右記』）。堀河天皇は改元に際し、神社の訴訟について繰り返し問題とされ、大赦の対象としないことにされている（『本朝世紀』）。

さらに平安末期には、軍事を伴う政治的変動が相続き、それが改元の大赦にも影響を及ぼすようになる。「寿永」改元（一一八二）に際して、大納言徳大寺（藤原）実定は、改元に伴う大赦に、東国・北陸の謀反人（源頼朝・義仲）は入るのかと考え、今回の改元詔書に大赦のことは書かないほうがよいと記している（『寿永改元定記』所引「槐林記」）。

翌年から相次いで源義仲・源義経（頼朝の弟）が入京し、平家は西走する。そうなるともう謀反人ではなくなってしまう。大赦については書かずに様子を見守るという実定の判断は正しかったと言えるだろう。なお、実定はその後、頼朝に重用され、朝廷と鎌倉幕府の調停に奔走することになる。

四　新年号の考案・審議・勅定

今まで見てきたように、年号の制度は七世紀の律令制形成において中国より継受され、八世紀の「大宝」建元（七〇一）と大宝律令施行により法的確立をみた。以後、『続日本紀』『日本後紀』などの正史に改元（およびその理由となった祥瑞の出現など）の記事は見えるが、その具体的手続きについてはわからないことが多い。

十世紀に入ると、正史の編纂が行われなくなるのと反対に、皇族・貴族が、自らの参加した儀式の詳細を記録に残すようになる。それが今日「古記録」と総称される史料である。日記の古い例としては「三代御記（ぎょき）」と総称される『宇多天皇御記』『醍醐天皇御記』『村上天皇御記』がある。

また、天皇を中心とした宮廷社会で行われる儀式の詳細を記した儀式書として、九世紀の段階で『内裏式』『内裏儀式』『貞観儀式』などが朝廷により編纂されていた。その後、村上天皇自身の撰とされる『新儀式（清涼記）』があり、さらに貴族の私撰儀式書として、源高明の『西宮記』、藤原公任の『北山抄』、院政期の大江匡房（まさふさ）による『江家次第（ごうけしだい）』が編纂されている。

さらに時代が下ると、年号案を提出する文章（紀伝）道の菅原氏や藤原北家日野流の諸家などが、子孫のために年号案の決定過程について、その審議の様子までわかる史料群を残している（『元秘別録（げんぴべつろく）』『元秘抄』など、主に『続群書類従』公事部に収録）。

これらの史料により、平安中期以降の改元の具体的手続きについては、より詳しい実情を知ることができる。ここでは、その一部を略述する。

■1 文字案を勘申する学者

年号の改元は、まず天皇の勅を受けて、大臣が文章博士（二人）・式部大輔のポストにある学者（儒者、文人官僚）たちに年号案の勘申（調査内容の上申）を命じることから始まる。学者たちは漢籍から「好字」（縁起のよい文字）を選んで年号案を作成し、「年号勘文」として提出（上申）する。提出された年号案は天皇に奏聞され、年号定によって決定される。

大江匡房（一〇四一～一一一一）の『江家次第』「改元事」にみえる年号勘文の書式は、

勘申年号事
々々／其の書曰く　々々
々々／其の書曰く　々々
右、宣旨に依りて勘申すること件の如し　官兼官姓朝臣名

時代	平安中期	平安後期	鎌倉時代	南北朝期	室町時代	安土・桃山時代	江戸時代	合計
藤原	12	31	25	8	4			80人
菅原	4	6	30	17	22	3	38	120人
大江	12	5						17人
その他	7			1	1			9人
（合計）	35	42	55	26	27	3	38	226人

表9　公年号勘申者の時代別氏別人数（採用年号勘申者の延べ数）

となっており、年号案の下に中国古典の出典を記し、最後に官職名と姓名を記す事になっている。ここでの書式は大江氏のものであるが、『江家次第』の注記と、菅原長成による『元秘抄』によれば、菅原氏が提出する場合の勘文は冒頭の「勘申」と「年号事」を二行に別けて記し、末尾に勘申の年月日を書き、署名の肩書きに位階を加えた。その他

表10　菅原氏略系図（高辻・唐橋・五条・東坊城・清岡・桑原の六家）

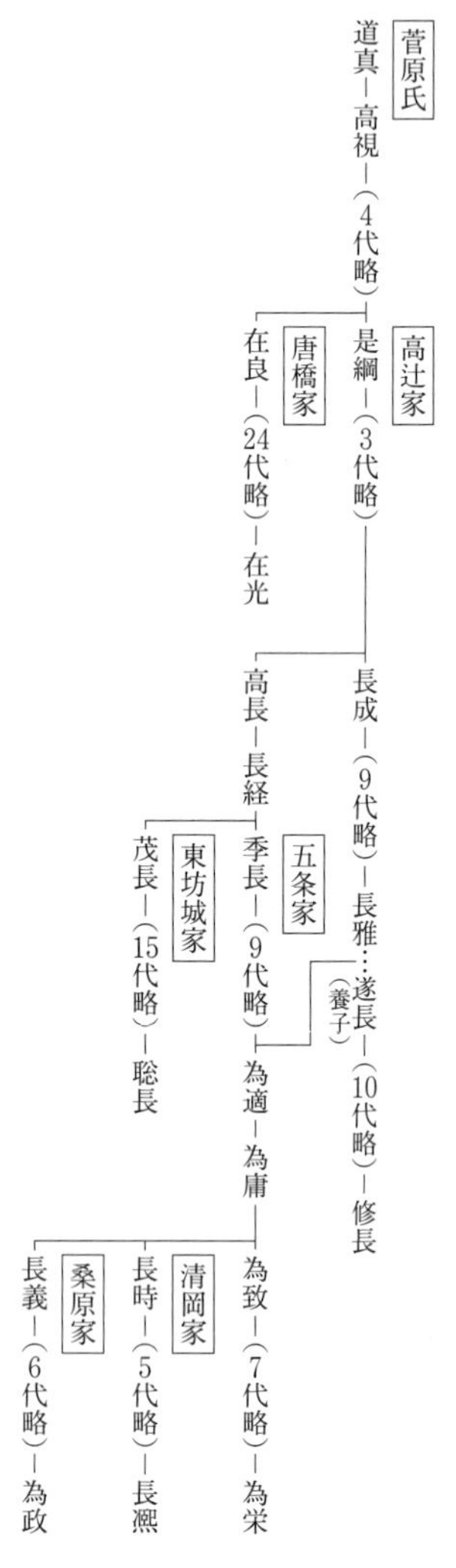

の氏族の場合は大江氏と同じかたちをとっていたようである。

年号勘申者を出す氏族は、平安中期には大江氏、藤原氏が多い。しかし平安後期になると、藤原氏が増加し、その反面、大江氏が減少している。それが中世から菅原氏が優勢となり、近世にはすべて菅原氏となっている。

年号の出典としては、史類（歴史書）が最も多く、経類・子類（哲学書）が続き、僅かだが緯書（予言を扱った書物）もみえる。書名でいえば、「三史」と呼ばれた『史記』『漢書』『後漢書』、「五経」と呼ばれた『易経』『詩経』『書経』『春秋』『礼記』が最も多い。年号勘文に、年号案の出典として引用される古典は、今日その書物自体が失われたものも多く（『維城典訓』『修文殿御覧』など）、中国の古典研究上においても、非常に重要な内容を含んでいることが、近年注目されている。

■2　公卿による論難と陣弁

年号は最終的に天皇により決定（勅定）されることを建て前としている。しかし、具体的には天皇のご意向を受けて、大臣が文章博士などに年号案を提出させ、その原案は「陣定」と呼ばれる、公卿の会議にかけて審議された（「年号定」「改元定」とも呼ばれる）。

その次第は『江家次第』「改元事」に詳しく記されている。以下、その内容を中心に、適宜、古記録などの内容も参照しつつ、審議の流れをまとめれば、次のとおりである。

① 公卿たち（参議以上の貴族）は、大臣からの連絡を受け、所定の日時に会議場となる紫宸殿脇の近衛陣座（陣の座）に集合する。

② これに先立ち、提出された「年号勘文」（勘文を提出するのはおおむね二～三人で、

一人につき二案程度提出するのが恒例であった）が外記から天皇の秘書役を務める蔵人を介して天皇に奏進される。

③天皇から公卿に対し、この勘文によって年号を定め申せとの仰せ言がある。

④その際天皇は、勘文の中に適当な案がないと思われたら、他の年号案（以前出された勘文の中の未採用案など）を添えて下される。

⑤公卿たちは、太政官の職員で事務方のトップである左・右大弁のいずれかが勘文を読み上げると、その一々について適否の意見を述べて議論を行う（難陳（なんちん）＝年号案の是非についての論難と陳弁）。最終的に二、三案に絞り込み、蔵人を介して奏上を行う。

⑥天皇は重ねて、この中より最善の一案を選ぶように、と仰せ言を下す。その際勘文は天皇のもとに留められる。

⑦公卿は議事を再開し、年号案を一つに絞り、蔵人を介して再び奏上する。

⑧天皇は、その年号案をそのまま認められ（勅定）、直ちに詔書をつくることを命ぜられる。

公卿たちは、この過程で「難陳」（改元難陳）と呼ばれる審議を行うのだが、ここでは中国や日本の先例、時として言葉遊びのようなものまで飛び出して議論が行われた。

例えば、「寛弘」改元（一〇〇四）の際には、公卿たちが「寛仁」で決定と決めかけたところで、左大弁藤原忠輔が「仁の字はこれ諱字なり」として、一条天皇の名「懐仁」と同じ字を用いることのタブーに触れるのではないかと指摘し、結局「寛弘」となった。

その次の「長和」改元（一〇一二）の際には権大納言藤原行成が、年号案について「太初」は中国で数回用いられたが不祥事が多い、「政和」は秦始皇帝の名（政）と同じで、中国・日本で一例のみなので不可と批判しながら、「長和」は本来年号に用いる文字ではないけれども、まあよろしいのではないかと述べた。すると他の公卿たちは、「長和」の「和の字不快」と述べた（『改元部類記』所引「権記」「小右記」）。そこで左大臣で上卿（議長役）を務めていた道長は、以前、大江匡衡（同年七月に没）が提出していた年号案である「寛仁」を持ち出し、これでよいのではないかとしたが、それに対しては公卿たちが一致して、勘文として提出されていないものを選ぶことはできない、と抵抗した。しかし、ここで勘申をやりなおすわけにもいかなかった。すでに寛弘八年（一〇一一）の三条天皇の即位から二年目となっており、年末に近い十二月二十五日、代始改元を三年目に持ち越すことはできないとして、結局、比較的異論が少なかった「長和」とすることになったのである。

なお、道長が執着した「寛仁」案は次の改元（一〇一七）でようやく採用された。これは後一条天皇の代始改元であるが、その時には「寛仁」は式部大輔の藤原広業が提出しており、問題なく採用されている。

この時は、左大臣の藤原顕光が「ある人は『寛仁』は一条天皇の時、諱により避けたものだと言っている」と主張し、藤原行成が諱は「不連続」であり（後一条天皇の諱は「敦成」なので、「仁」の重複が問題となった例は先例にならない）、「甚だしき謬り」と日記に書いている（『権記』）。

このような年号定の結果を、天皇は基本的にそのまま認められる。しかし、その内容に満足がいかないと、差し戻されることも少なくない。

醍醐天皇は「延長」改元（九二三）に際し、「博士勘申の字不快、仍りて勅定有りて、『文選』『白雉』の詩を以て延長とす」（『西宮記』）とされ、自ら年号を決定された。また「康保」改元（九六四）については、村上天皇御自身の日記が残されている。それによれば菅原文時・藤原後生が勘文を提出したが、天皇が「此の度択ぶ申す所の文字、頻りに不快」として、以前に提出された大江朝綱・維時の勘文を文時らの勘文と一緒に年号定の場に下し、この中から選ぶように命じておられる。最終的に大江維時が過去に提出した勘文から「康保」が選ばれた（『改元宸記』所引「村上天皇御記」）。この他にも、天皇ご自身がお手元にある旧勘文を下して、この中から選ぶようにと指示された例はたびたび確認できる。

しかし、平安時代中期から、徐々に幼帝が即位されることが増え、摂政・関白や上皇・法皇が政治の実権を握り始めると、年号の決定にも影響力を発揮するようになる。前述したように藤原道長は改元定に先立ち、側近たちを集めて詳細を決定している。また、「寛治」改元（一〇八七）は、前年に八歳で即位した堀河天皇の代始改元であったが、天皇が幼いため、摂政の藤原師実が天皇の代行として年号定の結果について蔵人を介してさまざまに公卿たちに問いただし、決定まで行なっている。興味深いことに、改元の手続きが終わった後、公卿たちは白河上皇の居所である鳥羽殿に参上しており、摂関家と院（上皇）の微妙な緊張関係が読み取れる（『為房卿記』）。

この後、摂関家の力が衰えていくと、改元の主導権は院に握られるようになる。実際、「天仁」改元（一一〇八）の際には、摂政藤原忠実は白河上皇のもとに参上しており、上皇が内裏の年号定の場から派遣された蔵人頭に指示するのを聞いているが、何ら発言した様子はない（『殿暦』）。

■3　天皇による勅定と公布

勅定以降の改元の流れは、再び『江家次第』などによれば、以下の通りである。

⑨天皇により年号が勅定されると、直ちに内記か弁官が改元の詔書を起草する。

⑩清書された改元の詔書が上奏されると、天皇が勅裁の日付を記入され、太政官が連署して大納言から覆奏（ふくそう）（詔の施行の報告）する。これに天皇が「可」と記入されて施行が決定する。詔書は中務省から関係官司に送られる。

⑪覆奏の時、改元に伴う恩赦と賑給（しんごう）（困窮者への米塩支給）があれば詔書に書き加える。

⑫詔の文面は「其れ（旧年号）を改めて（新年号）元年と為す」とする。

⑬新年号施行のためには詔書を受けて太政官符が作成されるが、それには詔書の写しも添えて送られる。

⑭　この時、新年号による政務開始にあわせた儀礼的文書を天皇に御覧にいれる「吉書始（きっしょはじめ）」の儀式が行われている（文書は太政官と蔵人所からそれぞれ奏上される）。
⑮　平安京内の役所（京官）は覆奏以前に既に新年号を用いるが、諸国は太政官符が届いてから用いる。そして京官に給わる施行の太政官符には詔書は写さず、諸国に下す太政官符には写す。
⑯　恩赦については検非違使関係者に恩赦対象者を決定させ、報告させる。

このようにして決定した改元を告げる太政官符は、地方にはどれぐらいの時間をかけて広がったのであろうか。古代の史料が見当たらないので、鎌倉時代の例をみると、鎌倉幕府の京都の出先機関である六波羅探題から鎌倉へ伝えられるのに、約十日間かかっている。それから約一カ月ほどで一般に広がっていったようである（千々和到・峰岸純夫）。

コラム　年号の読み方―呉音か漢音か―

年号の読み方は、「大正」以降、内閣告示か官報に掲載されている。「平成」改元の際はテレビを通じて、新元号が読み上げられた。しかし、「明治」以前の年号は、その読み方がほとんど明示されていない。

ただ、古い例では、天武天皇朝末年の「朱鳥」は『日本書紀』に「阿訶美苔利（あかみとり）」と注記されている。また、平安時代の歴史を語る『大鏡』の鎌倉時代の写本（千葉本）は「カシヤウ（嘉祥）」「サイカウ（斉衡）」と読み方を記しているが、正確なものかはわからない（小倉慈司）。

そのため、明治七年（一八七四）、当時の文部省が、天皇の諡号と年号についての読み方の統一を図り『御諡号及年号読例』を発行した。また、国文学者の山田孝雄博士は、十七世紀にポルトガル人のイエズス会宣教師ロドリゲスが著した『日本大文典』や、長崎を訪れたドイツ人医師ケンペルが十八世紀に著した『日本誌』にある年号表記なども参照して、『年号読方考証稿』をまとめている。

年号の読み方に限らず、日本における漢字の読み方は難しい。なぜなら、奈良時代以前に日本へ伝わっていた中国南方音に由来する呉音、奈良時代以降に伝えられた中国北方音に由来する漢音、鎌倉時代以降の日中交流の中でもたらされた唐音（宋音）などが混在しているためである。

しかし、年号の読み方（発音）は、多く呉音により行われていたようである。『改元部類記』所引「冬平公記」には「慶雲・元慶・天慶、皆呉音なり」とある。また、鎌倉時代の「建仁」改元（一二〇一）の改元定に際して、左大臣藤原良経が、「建仁」だと、高倉天皇の諱（いみな）（憲仁）の音読みと同じ発音になることを疑問視したが、報告を受けた摂政近衛基通は、天皇の諱は唐音、年号は対馬音（呉音）だから問題ないと答えている（『後京極摂政記』）。

さらに、平成二十九年秋に、国立歴史民俗博物館で展示された、鎌倉中期に活躍した広橋（藤原）経光筆記『経光卿改元定記』によれば、改元定の際、弁官が勘文を対馬音で読み上げるとある（水上雅晴ほか）。なお、高辻（菅原）為長の『編御記』にみえる「嘉禎」改元（一二三五）の記事によれば、勘文の年号案は呉音、典拠は漢音で読むことになっていた（石井行雄）。

コラム　大江匡衡・匡房と年号勘申の舞台裏

平安時代中期の文人官吏である大江匡衡は、妻が紫式部らの同僚・赤染衛門であることでも知られるが、「長保」（九九九）、「寛弘」（一〇〇四）と連続した改元で共に年号案が採用されている。匡衡はこのことを「二之年号、臣献ずる所、仰ぎ願はくば江家父子の昌んなるを」と喜び、これによって大江氏が繁栄するようにと願う詩を残している（『江吏部集』）。

しかし、これが果たして大江匡衡の学識だけによるものかは疑問である。それというのも、彼の勘申した年号案である「寛仁」について、彼の没後、藤原道長が強い執着を見せているからで、あるいは匡衡が（あるいは彼の妻も含めて）道長に気に入られていたということが理由かもしれない。

よく似た例は、匡衡の曾孫である大江匡房にも言える。彼は「寛治」（一〇八七）、「嘉保」（一〇九四）、「永長」（一〇九六）の三回の改元に際して連続して選ばれ、更に「天仁」（一一〇八）、「天永」（一一一〇）の二回の改元に再び連続して選ばれている。

その審議では、しばしば左大臣の源俊房が主導権を発揮している。白河天皇の御世に、左大臣に源俊房・顕房兄弟のいずれを任命するか天皇が悩まれていたところ、大江匡房が俊房を推薦した、と『今鏡』に書かれるほど、両者は親しい関係にあった。そのため、俊房は匡房の年号案を強く推したとも言われる（木本好信）。

例えば、「天仁」改元の際には、年号定に出席した公卿たちの意見が一致していないにもかかわらず、上卿を務めていた左大臣源俊房が「正治」「天仁」（共に匡房の案である）から選ぶべきであるとして奏上を行なってしまった。当時の鳥羽天皇が幼なかったため、年号定の結果はその父白河法皇のもとに奏上され、法皇は一案に絞るようにとの仰せを下されている。それを受けて年号定が再開され、権中納言藤原宗忠は「天仁は音又天人に通ずる也。……天人頻りに心を得ず」と「論難」したところ、俊房は仏教用語の「天人」に音が通じるのがよくないという宗忠の意見を逆手にとって「天人は多楽の境也」、即ち「天人」は「多楽」（苦しむ事がない）の境地にあるのだからよい、と「陳弁」し、「天仁」に決定してしまった。再び蔵人が法皇のもとに結果を報告すると、それでよいということになり、改元が行われている（『殿暦』）。

第四章　中世に揺れ動いた年号

後醍醐天皇（廬山寺蔵模写。東京大学史料編纂所所蔵肖像画模本データーベース）

一　中世史上の「正統年号」

■1　鎌倉時代に多い改元

　鎌倉時代は、改元がもっとも頻繁に行われた時代である。元暦二年（一一八五）に「文治」と改元されてから、元号が並立する南北朝時代となる「元徳」改元（一三二九）までの約百五十年間に使用された年号は、実に四十八号にも及ぶ。一年号あたりの使用期間は、平均するとわずかに三年余と極めて短い。使用が十年を越える年号は、「文永」（十二年）・「弘安」（十一年）のみで、改元の翌年に再び改元が行われ、実際の使用期間が二年に満たない年号も十二を数える。

　このような状況を、同時代の公卿広橋頼資（よりすけ）（一一八二〜一二三六）は、「改元すでに年中行事の如し」（『頼資卿改元定記』）と、改元が年中行事の如く頻繁に行われることを嘆いている。が、何故これほどまでに改元が多く行われたのだろうか。鎌倉時代の改元の理由を見ると、天皇の即位による代始（だいはじめ）改元や辛酉・甲子の改元に加えて、地震や火災・疾病などを理由とした災異改元が、かなり多いことに気付く。

鎌倉時代には、表向きの理由とならないものも含めて、さまざまな理由で改元が企図されたようだ。例えば、「建保」改元（一二一三）の理由は、「天変地震御慎」（『皇年代略記』）とされるが、藤原定家は『明月記』に、「両平の夭亡」を改元の理由として挙げている。これは、後鳥羽上皇の寵臣として知られた坊門輔平（資平、後鳥羽上皇の外叔父坊門信清〈一一五九～一二一六〉の子）と中山親平（『山槐記』の著者中山忠親の孫）が、同年十一月二十九日・三十日に相次ぎ早世したことを述べたものだ。他にも、「嘉禎」改元（一二三五）は、文暦二年（一二三五）三月、摂政在職中のまま九条教実（一二一一～一二三五）が薨じたことや、石清水八幡宮や比叡山、祇園社などでの神輿の騒動がその原因とされている。天皇や将軍の死を契機とする改元は、どの時代にも存在するが、摂政や寵臣の死去までもが改元の理由となることは珍しい。

他にも、陰陽五行説による三合の厄年であることや、大風、疱瘡流行などを理由とした「安貞」改元（一二二八）、彗星の出現や、地震・炎旱などを理由とした「仁治」改元（一二四〇）、閑院内裏の焼亡（宝治三年二月）を理由とする「建長」改元（一二四九）など、同じ災異であってもその理由はさまざまである。ここからは、当時の朝廷内において、改元の呪術性が強く信じられており、天皇やその周辺での不幸や悪兆を払うため、改元が多く企図されたことが分かる。

改元の発議から実施に至るまで、その大部分を朝廷が実質的に行っており、天皇や上皇の意向が反映しやすいことも、改元回数が多くなった要因ということができよう。では、この改元に、鎌倉幕府はどのように関与していたのだろうか。

2　鎌倉幕府の関与

鎌倉幕府は、改元の発議や年号への不快感の表明など、朝廷にその意向を示すこともあったが、後の室町幕府や江戸幕府に比べると、その関与の度合いは少ないと言える。

例えば、「嘉禄」改元（一二二五）は、「これ元仁不快の由、武家（鎌倉幕府）去年咎(とが)これを申す故、早速改むべきの由、内々に議ある由」（『明月記』嘉禄元年四月十五日条）とあるように、幕府から元仁号が不快であるとの「咎」が申し入れられたため、災異改元（『明月記』は病患によるとする）として改元が行われている。幕府のいう「咎」の内容は不明であるが、先の「貞応」改元（一二二二）は、承久の乱後に幕府が擁立した後堀河天皇の代始改元として行われたものの、朝廷が幕府の許可なくわずか三年で改元を行ったことにより、刺激された幕府がその威信を示すために改元を強要した、との指摘もある（峰岸純夫）。

一方、「延慶」改元（一三〇八）は、後二条天皇の崩御により、花園天皇が徳治三年八月二十六日に践祚した直後の十月九日に行われた、花園天皇の代始改元である。これについて、当時左大臣であった鷹司冬平は、「先例、多くは譲位翌年にこの事（改元）あり、しかして今度関東内々申す旨有るの間、にはかに別儀を行はるる也」（『冬平公記』徳治三年十月九日条）と、本来譲位の翌年に行われるべき改元が、幕府の内々の申し入れにより、急遽同年に行われたことを伝えている。このことについては、花園天皇の兄の後伏見上皇も、即位以前の改元は「不普通」とした上で、関東の申し入れによって「左右に及ばず」（是非無く）改元が行われたことを嘆いている。

代始改元は、通常、天皇の践祚の翌年に行う「踰年改元」が原則であるが、今回は幕府がこれを破る形で、急ぎ改元を申し入れたことになる。幕府が改元を申し入れた理由は、明らかではないが、尊治（たかはる）親王（後の後醍醐天皇）の立太子と同時に、幕府で守邦親王の征夷大将軍就任が行われたため、とりわけ新将軍就任を慶賀して幕府が改元を要請したもの、との見方がある（所功）。

ここからは、幕府が新時代の到来を象徴的に示すものとして改元を政治的に利用している様子が分かる。とはいえ、大きな介入は少なく、積極的な関与の様子も見られない。

では、その鎌倉幕府や東国には、どのような手続きで改元が伝達されたのであろうか。朝廷が一連の改元儀式を終えると、天皇により改元詔書が発布される。律令体制はすでに有名無実化していたため、全国各地へは、幕府などを通して改元が伝達された。朝廷で発布された改元詔書は、幕府が京都に設置した六波羅探題を通して鎌倉まで伝えられ、幕府の政所で改元吉書始(きっしょはじめ)の儀が行われた。吉書始とは、新年や改元など新しいことを始める際に、良い日を選び、儀礼的な文書を将軍が奏覧する儀式のことで、これをもって幕府として正式に改元を承認したことになる。

鎌倉時代の歴史書『吾妻鏡』から、伝達の所要時間を分析すると、京都での改元から鎌倉での吉書始までの所要時間は、およそ十日程度であり、これを受けた東国への改元の伝達には約一カ月程度を要したとされる(峰岸純夫、千々和到)。また、九州地方に残された同時代の古文書からの調査によれば、九州全域に改元が伝達されるまで約二カ月かかったという(瀬野精一郎)。

しかしながら、どのように在地の人々に対し改元が伝達されたのかについては、史料上はっきりしたことは分からない。百姓が地頭の非道を訴えた古文書として著名な「紀伊国阿弖川荘百姓等申状」には、末尾に「ケンチカンネン（建治元年）十月廿八日」（改元は四月二十五日）とあるほか、鎌倉時代から東国を中心に各地で建立される板碑にも、年号が使用されていることから、在地においても年号が一定程度普及していたことは疑いない。江戸時代の触のような仕組みがない時代であるため、各地の領主や寺社、宗教者のネットワークなどを通じて重層的に各地へ伝えられたものと考えられる。

■3　公卿たちの改元論議

鎌倉時代の改元の儀式や作法については、『江家次第』等に記される平安時代の在り方をほぼ踏襲している。全国統治や軍事などは鎌倉幕府により主導されたが、京都の天皇や上皇（院）は、従来どおり、改元の発議から年号案の選定に至るまで、積極的に関与している。例えば「建保」改元（一二一三）の時、「建」字の使用を後鳥羽上皇が強く主張され、実際「建」字の含まれる「建保」へと改元が行われた。

また、改元定のうち、具体的な年号案を審議する難陳は、参加した公卿の間で侃々諤々の議論が闘わされて、長時間に及んだり、喧嘩沙汰になることすらあった。これは、改元定に出席する当代の公卿数が平均すると約九人で、他の時代に比べて多いことや、後世のように難陳の行われる以前に新年号が内定するような儀礼化がまだ進んでいないためであろう。

たとえば、「寛喜」改元（一二二九）の時には、陣儀に出席した公卿が史上最多の総勢十四人にものぼり、そのためか改元論議が紛糾した。その場にいた蔵人の広橋経光は、「此の間、御座の内喧嘩か、利を争ふこと市廛の如し」（『経光卿改元定記』）と書きとめている。

■4　藤原定家が見た改元

平安末期から鎌倉初期を生きた藤原定家（一一六二〜一二四一）は、歌人として著名であるが、権中納言まで登った公卿であるから、「承久」改元（一二一九）などでも、議論に参加していた。十代から亡くなる直前まで書き続けていた定家の日記『明月記』に、改元に関する感想などが多く記されている。

元仁二年（一二二五）四月二十日、前年十一月に改元されてから、わずか五カ月しか経たない中で、「嘉禄」と改元された。これについて定家は、「今日改元云々、まだ勘文を見ず、年号毎日改むと雖も、乱政を改めざれば何の益かあらん」（今日改元があるという。勘文は見ていないが、年号を毎日のように改めたところで、乱れた政治を改めなければ、何の意味もない）と、痛烈に批判している。先に見たとおり、鎌倉時代には災異などを理由として、改元が最も頻繁に行われたが、改元の呪術的な側面ではなく、「乱政」を改めなければ意味がないと、客観的な観点から指摘している事が興味深い。

また、改元論議の席で、「漢字を書かざる嬰児、この座に交わる」「議定の間、只興じて雑言を言ふこと猿楽の如し」と、漢字を書くことすらままならない「嬰児（子供）」のような人物が改元陣儀に参加し、改元議定の最中、雑言を喋る様はまるで猿楽のようだ、と弛緩する儀式の様子を皮肉を込めて評している。

また、「天福」改元（一二三三）時にも、定家は新年号が中国（唐末）の「天復」（九〇一～九〇四）と音が通じることから、「討乱復位の年号なり」と批判している。その時の皇帝は昭宗（八六七～九〇四）で、宦官などのクーデターにより失脚した後に復位したものの、その後の反乱などにより唐は滅亡している。このような事実も踏まえた上で、それに似た「天福」号は不快であると批判したのである。

さらに「建保」改元時には、その語の響きについて、「この声（音）献宝か、献金の路を称す。飽くなきの政の然らしむるか」（「ケンポウ」という音は、「献宝」すなわち賄賂に通じ、貪欲な政治の反映か）と嘆いている。この部分は、定家の自筆本で線により囲まれているから、定家みずから後世の子孫に注意を促したものとみられている（藤川功和）。

定家の筆致は、概して改元定の出席者に厳しいが、年号への合理的な視点は、当時としては珍しく、彼の見識を示しているとも言えよう。

二　南北朝期に並び立つ年号

■1　年号と天皇との関わり

南北朝時代には、政治の中心が二つに分裂し、それらの勢力が全国で抗争した。それに伴って年号についても、同じ時期に二つの年号が併存するという異常事態が発生している。二つに分裂した朝廷が、それぞれ正統性を主張する中で、各々が改元を行い、その年号を使用したことは、年号と天皇との関わり、また為政者と年号との関わりを考える上で、極めて重要な意味をもつ。

即位当初から親政を志向していた後醍醐天皇は、代始の「元応」改元（一三一九）の後、「元亨」と「正中」の改元（一三二一・一三二四）では、指導的な立場を果たしておられる。この両改元は、辛酉・甲子年の改元に当たるが、北畠親房や洞院公賢ら公卿も讖緯説に基づく革命・革令改元に否定的な立場であった。結果として改元は行われたが、「元亨」は「謹慎の余り」を理由とし、「正中」は「風水害」による災異を理由としている（コラム

「後醍醐天皇の革命革令否定論」参照)。

ついで、「正中の変」により討幕計画が失敗した後、疾病流行を理由として元徳三年(一三三一)八月九日、「元弘」と改元された。しかし、後醍醐天皇との関係が悪化していた鎌倉幕府は、この新年号を用いず、「元徳」号を引き続き使っている。

しかも、改元直後の元弘元年八月、幕府は後醍醐天皇ではなく、後伏見上皇の詔として、量仁(かずひと)親王(のちの光厳天皇)を践祚させ、後醍醐天皇を捕えて隠岐へ配流(はいる)し、光厳天皇の代始改元として新たに「正慶」年号を定めた。しかし、隠岐に配流された後醍醐天皇は、この「正慶」年号を認めず、その後も「元弘」年号を使い続け、やがて隠岐から脱出し、船上山(せんじょうさん)で挙兵した後の元弘三年(一三三三)五月、「正慶」年号を廃止し、「元弘」の年号に復した。『太平記』は、このことを「先帝重祚(ちょうそ)の後、正慶の年号は廃帝の改元なればとてこれを棄てられ、本の元弘に帰さる」と記す。

「正慶」を「廃帝」の年号であるから廃棄したというのは、厳しい表現であるが、後醍醐天皇からすれば、統治の正統性を明示し、それを広く周知させるには、自らが認めない天皇が制定した年号をそのまま使用することはありえず、重祚とともに年号を旧に復するのは当然のことであった。

■2　ユニークな「建武」改元

後醍醐天皇の重祚による「建武」改元（一三三四）は、天皇主導のもと、先例にとらわれない形式で行われた。従来は、文章博士らに出典と年号を記した勘文を提出させ、その中から難陳をへて新年号が選定された。しかし、今回は、あらかじめ儒家や文章博士らに、「本文の善悪に依らず、元号の沙汰あるべし、異朝の例を以て、当時の義に叶ふ字を計り申すべし」（本文の善悪によらず、元号の沙汰をすべきである。異朝の例をもって、当時の義に叶うよう文字を準備すべきだ）と、中国の歴朝の例から、良い字を選ぶように命じておられる（『改元部類』）。

この時に勘申された年号は、「建武」「咸定」「延弘」「興国」「垂拱」「淳化」「天祐」「中興」「元聖」「武功」「元吉」「元貞」「大中」「大武」「元竜」「建聖」である。一見してこの前後の改元にない漢字が多く用いられていることが分かる。

特に「武」「咸」「垂」「淳」「竜」「聖」というような漢字は、いわゆる「新字」であり、これまでに採用されたことがない。後醍醐天皇は、中国で年号に使用された縁起のいい文字などから年号を選ぶように求めたものと考えられる。その中から「建武」「大武」「武功」に絞り込まれると、あらためて、文章博士の菅原在淳と在成にも、出典を載せずに、この三年号案を連署によって勘申させた。年号に出典が記されないのも異例なことである（次の改元からは旧に復する）。

また、「武」の字を用いることも日本では先例がない。「建武」年号は、漢王朝を再興した光武帝（BC六～AD五七）が、新の王莽（BC四五～AD二三）を倒して建てた年号である。そのため、不吉であるという意見も公卿の中では根強かったが、後醍醐天皇の強い意向で「建武」に決定された。この経緯について、『太平記』は、次のように記す。

> 元弘四年正月に改元あつて建武に遷さる。これは後漢の光武、王莽の乱を治め、再び漢の世を続がれたる佳例とて、漢朝の年号を模されけるとか。
> （元弘四年正月、改元があって建武となったが、これは、後漢の光武帝が、王莽の乱を治めて漢朝を復興した「佳例」であるとして、中国の年号を模倣されたのだという）

後醍醐天皇は、一たん隠岐へ流されながらも、再び京都へ戻って復位され、親政による新たな政治を推進された。その際、「建武」年号を用いた後漢の光武帝と自らの存在を重ね合わせられたのかもしれない。絞り込まれた三案に、いずれも「武」の字が入っていることは、後醍醐天皇の強いこだわりを感じさせる。

■3　年号が並び立つ時代

その後発生した、いわゆる中先代（なかせんだい）の乱を契機に、足利尊氏（一三〇五〜一三五八）が後醍醐天皇から離反し、京都に攻め込んできた。これを受けて天皇は、一たん近江坂本まで遷幸され、再び京都へ戻った際、改元の必要性について公卿らと相談された。

これは、度重なる戦乱などのために改元が求められていたことも原因と考えられるが、天皇自身、改元すべきかどうか悩んでおられたからであろう。結果として、年号は「延元」と改元される。しかし、同年六月、光厳上皇を奉じて入洛した足利尊氏は、この「延元」年号を用いず、引き続き「建武」年号を使用している。ここで、名実ともに南北朝が分裂し、約半世紀にわたって年号が並立する異常事態となったのである。

南朝では、後醍醐天皇の後を継いだ後村上天皇の践祚に伴う代始改元として、延元五年（北朝では暦応三年〈一三四〇〉）四月に「興国」と改元された。これは、すでに「建武」改元時に勘申されていた案のひとつである。「興」も「国」もこれまで使用例がなく、建武の新政を継ぐという意志を示したものと考えられる。

それ以降、「正平」「建徳」「文中」「天授」「弘和」「元中」と年号が続いた。南朝の改元儀式がどのように行われたのかは、史料が乏しいため明らかにし難く、一部年号は改元の日時すら判然としない。しかしながら、九州地方など南朝方に付いた武将が存在した地域には、南朝の年号を記した古文書や石造物などが現在も数多く残っている。自らの政治姿勢を示す上で、どちらの年号を用いるかは、極めて重要なことであったにちがいない。

一方、北朝では「正慶」「暦応」「康永」「貞和」「観応」「文和」「延文」「康安」「貞治」「応安」「永和」「康暦」「永徳」「至徳」「嘉慶」「康応」「明徳」と頻繁に改元が行われている。北朝方の人々は、基本的に北朝の年号を用いたが、観応二年（一三五一）十月、足利尊氏が一時的に南朝へ帰服した際には、北朝においても「正平」年号が用いられた。しかし、南朝との関係が瓦解すると、再び「観応」号を用いるなど、年号の使用をめぐって攻防が続いた。なお、その際、尊氏と対立し、九州へ追われて勢力を築いた弟の足利直義（ただよし）の養子（尊氏の隠し子）直冬（ただふゆ）は、「観応」を用いず、その前の「貞和」年号を引き続き使っている。

この「正平の一統」が破綻した後、南朝の後村上天皇は、北朝の光厳・光明・崇光の三上皇を拉致し、南朝の本拠地で行宮（あんぐう）が置かれた賀名生（あのう）へ引き連れていってしまった。そのため、足利義詮（よしあきら）は、窮余の一策として、光厳・光明両上皇の母広義門院の令旨により、観応三年（一三五二）八月十七日、崇光上皇の弟弥仁（いやひと）親王を後光厳天皇として践祚させた。そこで、通常ならば、践祚の翌年に改元すべきところ、上皇が拉致されるという異常事態のため、改元を急ぎ、同年の九月二十七日「文和」と改元している。

やがて南朝の元中九年（一三九二）、北朝の明徳三年の閏十月五日、後亀山天皇から三種の神器が後小松天皇に譲られた。それによって、六十年近く続いた南朝と北朝の対立が解消し、元中九年を廃して明徳三年に切り替えられ、ここに年号も統一されたのである。

■4　足利義満と年号

足利義満（一三五八～一四〇八）は、北朝を奉ずる権力者として地歩を固めた。応安二年（一三六九）、室町幕府で三代目の征夷大将軍となったのみならず、九年後には権大納言となり、公家社会の一員として、宮中行事などにも積極的に参加している。その後も順調に昇進し、准三宮（じゅさんぐう）宣下を受けたことで、公家社会の頂点をも極めた。

義満の改元への積極的な関与は、早くも「永徳」改元（一三八一）時にみられ、天皇とともに改元定の儀式を近くで見物している。また、次の「至徳」改元（一三八四）時、左大臣で准三宮の義満は、あらかじめ五山の僧らに命じ、「至徳」を年号案として出すよう、勘申者の裏松（日野）資康に伝えていたという。その後の室町時代や江戸時代に、将軍らが年号を選択することはあるが、自ら希望する年号案を伝え、そのとおりに奏達させるようなことは異例である。この時、義満は摂政二条良基と共に、御所の台盤所において議論の報告を受け、新年号が決定すると、摂政と共に「至徳」という文字を揮毫している。

次の「嘉慶」改元（一三八七）では、年号勘者を任命する勘者宣下の儀が、義満の住む室町第で行われた。宣下は通常、摂関家か儀式の責任者を務める上卿の家で行われてきたから、武家の屋敷で行われたのは異例である。しかも、勘者の菅原秀長は、事前に年号案を義満に見せているから、年号は仗議（会議）以前に義満によっておよそ決定されていたものと思われる。改元当日の仗議中、義満は御所の御湯殿におり、年号案の天皇への奏聞に立ち会っており、最終的に、義満の希望した「嘉慶」に決定されている。

同様に、「明徳」改元（一三九〇）でも、義満が改元定に参加する公卿らに対して、あらかじめ「明徳」号にすべきとの意向を伝えていた。それを上皇が斟酌され、最終的に「明徳」と決定された。

義満時代の年号として象徴的なのは、「応永」年号である。これは、三十五年も続き、前近代においては最も長い。改元の理由は、明徳四年（一三九三）四月、後円融上皇が崩じたことによる災異改元である。

この時も、勘者東坊城（ひがしぼうじょう）秀長が、勘申した案（正永・永吉・安慶・興徳・宝暦・正禄・応仁）を義満に見せたところ、そのうち五案を良しとするのみならず、「興徳」の「興」字を、「洪」字に改めるよう求めた。これは、当時の明において「洪武」年号（一三六八〜一三九八）が二十年以上の長きに及んでいたことによる。しかし、朝議では、「洪」という文字が、日本では一度も用いられていないこと、また洪水を連想させることなどから、否定的な見解が多く出された。改元定の当日、義満もその儀式を見学していたが、難陳の際に「洪」字への疑問が多く出されたので、最終的に斥けられ、「応永」と決定したのである。

その後、これまで数年ほどで行われてきた改元が急に行われないようになる。これについては、義満が、自らが求めた年号に決定されなかったことを不服として、あえて改元を行わせなかった（不改年号）との指摘もある。応永年間には、義満の死去や、同じ年号が長く続いていることを理由に、改元が検討されながら、結局幕府の了解が得られず、沙汰止みとなっている。

■5　改元の伝播と地方の私年号

寛正二年（一四六一）十二月、鎌倉の鶴岡八幡宮の供僧であった香蔵院珍祐は、「当年寛正二年十一月より改元なり、延徳元年十二月日」と記している。つまり、この年の十一月に改元があって、「寛正」が「延徳」になったという情報が、鎌倉までもたらされていたということになる。

ところが、約半年後の翌年七月、昨年の改元を受けて延徳二年と記していたところ、堀越公方の足利政知から、「延徳」とは改元されておらず、京都では引き続き「寛正」年号が使われているとの情報が届いたため、「延徳」の使用をやめて「寛正」に復することとなった。

戦国の乱世においては、全国各地へ改元がどのように伝わっていたのか、史料が乏しく、不明な点が多い。とくに東国では、「享徳の乱」（一四五四〜一四八二）以後、混乱の影響もあり、鎌倉の鶴岡八幡宮でさえ、半年以上にわたって、誤った情報に基づいて年号が認識されていたことになる。そのような、戦国時代の東国では、私年号が頻繁にみられる。

「私年号」とは、「公年号」に対する呼称で、朝廷や幕府によって公式に決定された年号とは異なるので、「異年号」とも称される。これは、そのあり方などにより複数に分けることができる。

年号が誤った情報をもとに使用された例（「亨」と「享」など文字の誤りや、改元伝達上の間違いなど）がある一方、改元を行った勢力を認めないなど、意図的に別の年号を使用する例もある。その場合、新しい年号を使用することもあれば、従来の年号を改元がなかったとして継続使用することもある。さらに、呪術的な意味を込めて、短期間、一度限り用いられる例（たとえば、神社などに奉納された絵馬など）もある。

中世の東国においては、支配者が頻繁に交代するなどして、室町幕府の支配が地方へ十分に貫徹していなかったため、私年号が多く発生した。この私年号の分布をみると、ほとんど関東地方に集中しており、石碑などに刻まれることが多い。

延徳元年（一四八九）前後に用いられた「福徳」、永正三年（一五〇六）前後に用いられた「弥勒」、大永六年（一五二六）前後に用いられた「永喜」、天文九年（一五四〇）前後に用いられた「命禄」などは、何れも広範囲で、複数年次にわたって使われ、一部は使用範囲が東北地方まで及んでいる。

これらの年号を誰がはじめに用いたのか、意図的な流通なのか、突発的なものなのかなど、その使用の背景については明らかにしえないが、自然災害が多発し、自力救済が求められていた戦国時代にあっては、安定的な世の中を求める人々の声が、「福徳」「弥勒」などの好い文字に託されたものと考えられる。

事実、これほど広範囲、長期間に私年号の使用がなされるのは、戦国時代のみである。また、「私年号」として用いられた文字には、「福」「喜」「弥勒」など、めでたい漢字や仏教用語などが多い。このような私年号を通して、困難な時代にささやかな希望を求め生きていた東国の人々の様子をうかがうこともできよう。

三　戦国時代の改元

■1　戦乱による儀式の混迷

いわゆる「応仁の乱」で広く知られる「応仁」改元（一四六七）は、前年来の兵革を理由とする改元である。注目されるのは、室町第において勘者宣下が行われ、改元の上卿を将軍足利義政（一四三六～一四九〇）が務めていることである。

このようなことは異例であり、足利将軍の改元への深い関与が、この事実からも判明する。ただ、この「応仁」改元は、改元詔書の他、改元参仕公卿の名前も伝わらないなど、前後の改元に比べて不可解なほど史料が見あたらない。直後に発生した応仁の乱により、禁裏や公家文庫が大きな被害を受けたことにより、応仁改元の記録が失われた可能性もあるが、上卿を武家が務めるという異例の形式であったため、公家側で記録が積極的に残されなかったのかもしれない。

先の「応仁」改元（一四六七）に続いて行われた「文明」改元（一四六九）は、応仁の乱などを理由とする災異改元である。戦乱により多くの公家が京都を離れたことから、改元仗議に支障があるなどとして、仗議を行わずに改元を行った先例などが調べられた。その結果、奈良時代の「天平宝字」頃に先例があることが分かったが、一条兼良は、問題があるとしてこれを退けている。当時、近江坂本に滞在していた改元奉行の町広光（まちひろみつ）は、上洛して早速改元の準備に取りかからねばならなかった。この時は、戦乱のため御所で改元を行うことが出来ず、室町第を内裏に見立て改元が行われ、「文明」と改められた。

「延徳」改元（一四八九）は、足利義尚の死去を理由として、足利義政が朝廷に申し入れたものであるが、表向きの理由としては、後土御門天皇の不例（病気）や変異などが挙げられた。また、次の「明応」改元（一四九二）において、幕府は「明」字を含む文字への改元を希望し、それが実現している。そのほか、改元日も幕府から盆前を理由として延期が申し入れられていることから、当該期には、改元の申し入れから日時の確定、年号の選定に到るまで、幕府が大きく改元に介入している様子が判明する。

しかし、各地に戦国大名が乱立する戦国時代になると、改元への室町幕府の影響力は相対的に低下していった。それと同時に、朝廷自体も即位式をはじめ、多くの儀式の費用が調達できず、また公家等が地方へ避難するなど、儀式の遂行が困難となっており、これは改元においても例外ではなかった。

例えば、「大永」改元（一五二一）は、兵革などによる災異改元であるが、逃亡中の足利義稙（よしたね）に代わって、新将軍を擁立するために管領の細川高国が改元を申し入れている。また、次の「享禄」改元（一五二八）では、京都から離れ、近江坂本に滞在していた将軍足利義晴により改元が発議され、朝廷でも準備が進められた。この中で、改元の勘文が近江で義晴に披露されている点は興味深い。この時、義晴は「延禄」「同徳」を除くよう指示している。

このように、将軍が京都に不在の状況が続くと、改元が将軍に伝わらないということもあった。「永禄」改元（一五五八）時には、改元から二カ月が経過した五月の末になっても、改元したことが将軍足利義輝に伝わらず、義輝はその間、「弘治」年号を使っていたという（『惟房（これふさ）公記』）。

このように、応仁の乱直後は、室町幕府が改元に直接的に関与している様子が見えるが、戦乱の時代になると、その影響力は相対的に低下した。一方、朝廷でも改元の儀式遂行に支障を来たすなど、改元を行うこと自体が困難になりつつあった。

2　改元費用の工面と公家の在国

戦国時代に朝廷が「衰微」するにつれて、従来朝廷で行われていたさまざまな儀式も、費用の工面が難しくなった。それとともに、参仕する公卿らが京都を離れ、戦国大名のもとへ身を寄せている。その結果、多くの朝儀が断絶したり、簡略化されている。

甚だしきは、大永六年（一五二六）に践祚した後奈良天皇で、朝廷財政の窮乏などによって長らく即位式が行えず、諸大名らの献金により、ようやく践祚後十一年目の天文五年（一五三六）に行われるという状況であった。また、年中行事の元旦四方拝や節会、即位式後の大嘗祭なども、次第にできなくなっている。

改元についても事情は同様で、戦国時代の改元は、およそ半数が、室町幕府や戦国大名などからの献金で賄われている。しかも、辛酉・甲子年の改元は、文亀・永正度（一五〇一・一五〇四）には行われながら、次の永禄四年・同七年（一五六一・一五六四）には、改元に向けた若干の動きは見られるものの、結局沙汰やみとなっている。先に挙げた公家の在国や改元費用の調達困難が原因であったと考えられる。

また、儀礼面では、新年号を考案する勘者が、わずか二名程度に留まり、陣儀に参加する公卿の数も減少している。そのため、改元自体の回数が減り、一年号の長期使用が常態化している。足利義満の時代から続いた「応永」の三十五年、「天文」の二十四年、「天正」「慶長」の各二十年などである。

これらをみると、当時の朝廷では、独自に改元する能力を失いつつあり、それによって改元の故実も失われていったものと考えられる。たとえば、室町幕府で最後の将軍足利義昭（一五三七〜一五九七）が改元を要請しても、朝廷では中々受け入れていない。

永禄十一年（一五六八）、征夷大将軍に任じられた義昭は、その直後から度々改元の意向を示し、翌年四月、公家の山科言継（ときつぐ）を通して改元を強く迫った。しかし、朝廷側は、改元の準備が不十分であること、改元の勘者が在京していないことなどを理由に挙げ、改元の実施が難しいと返答している。その後も厳しいやり取りの末、翌十三年（一五七〇）、幕府が通常三十貫の改元費用を五十貫に増額し、「元亀」と改元されている。

コラム　後醍醐天皇の革命・革令否定論

後醍醐天皇は、鎌倉時代末期に即位され、鎌倉幕府を打倒し、「建武の新政」とか「建武の中興」と称される大胆な改革に取り組まれた。そのため武家だけでなく、先例を重んじる貴族たちともしばしば対立したけれども、「朕が新儀は未来の先例たるべし」と述べられたという（『梅松論』）。

たとえば、平安中後期から院政期には先例となっていた「辛酉革命・甲子革令」による改元についても、後醍醐天皇は否定的であった。辛酉年に「元亨」改元（一三二一）と甲子年に「正中」改元（一三二四）が行われているけれども、「元亨」改元の詔書には辛酉革命説を「典籍の旧章に非ず、術士の家の著作する所なり」と否定する一節がみえる（明経道助教中原師緒の勘文による）。

年号案としての「元亨」を提出したのは、文章博士の日野資朝で、彼は同時に蔵人として改元定の奉行も務めている。元亨四年（正中元年）、後醍醐天皇の鎌倉幕府打倒計画が発覚した「正中の変」では、天皇の側近として謀議に関わったと咎められ、同族の日野俊基とともに捕らえられて佐渡へ流罪となっている。「正中」改元については、甲子革令にあたるにもかかわらず、風水害を理由としている。それを伝え聞かれた花園上皇は、「余思ふに、緯候の文言、聖人用ゐざる所也」と高く評価されている（『花園天皇宸記』）。花園上皇は、持明院統（のちの北朝のルーツ）出身であり、大覚寺統（のちの南朝のルーツ）の後醍醐天皇とは対立する立場にあったが、当時の社会情勢に対する危機感など、政治姿勢には共通することも多かった。

とはいえ、実際には辛酉・甲子にあたる年に改元が行われている。これには革命説を否定しても、それにより初めて「延喜」改元（九〇一）を行った醍醐天皇の先例は尊重すべきだ、と後醍醐天皇が考えていたからではないかとみられている（佐藤均）。

コラム　改元をめぐる多様な「噂」

年号はその呪術性が広範に信じられていたこともあり、災害の頻発や悪政への不満を年号に仮託することでぶつけやすく、「京童（きょうわらべ）」の噂や「口遊（くちずさみ）」などの形で、しばしば年号が難じられている。

たとえば、「天福」年号については、『百練抄』の文暦元年（一二三四）十一月五日条に、「改元の事あり、天福の字、始めより人受けず、諒闇（りょうあん）相続き、その徴を為すの由、口遊す」（改元があったけれども、「天福」という文字ははじめから人々に受け入れられず、諒闇（天皇の父母に対する服喪）が続いていることからも、悪い兆しが現れている、などと噂がたえない）とある。また、「去年女院、今年院、崩御したまふ。世の人の難、天福と云々」（『頼資卿改元定記』）、「浅ましかりける年号なり」（『五代帝王物語』）などと、批判する声が改元直後から広まっている。この「天福」年号を「不快」としたせいか、この「福」字は、それ以後今日まで年号として一度も用いられていない。

さらに、南北朝期の北朝で使用された「康安」年号（一三六一〜一三六二）について、『太平記』が次のような記事を載せている（以下、意訳）。

都では、昨年の天災・旱魃（かんばつ）・飢饉・疫病などが各地に発生して、死体が道にあふれるほどであり、ただ事ではない。必ず改元すべきであるということで、延文六年三月晦日に、「康安」へと改元された。ところが、その夜、四条富小路より火災が起きて四方に広がり、八十六町が焼失した。改元直後にこのように洛中が火災で焼失したことは、不吉の現れだから、この年号は良くないと申す人が多い。けれども、武家においても既に宣下をうけて国々に新年号を施行してしまった後なので、さらに改元を行うというのは例がないとして、ついにこの年号を用いることになったという。

これによれば、「延文」から「康安」へと改元された当日、火災が発生して、「四方八十六町」も焼失したため、不快なことだと人々が噂した。けれども、幕府が既に新年号を諸国へ通知してしまったので、改元は予定通り施行された、というのである。

ここで興味深いのは、洛中での火災が不吉とされている点である。鎌倉時代に災異を理由とする改元は、京中か京都周辺で発生した場合に限られ、鎌倉を含めて遠方の災害は改元の理由とされていない。

後には、江戸の大火を理由とした改元が行われるのが、あくまでも天皇や公家の滞在する京都からの視点で、発生した火災や災害などを判断して改元が行われたのである。

第五章　近世にも生き続けた年号

織田信長（東京大学史料編纂所所蔵肖像画模本データベース）

一　「天下人」の関与した年号

■1　織田信長と「天正」改元

永禄十一年（一五六八）の上洛により「天下人」への道を歩みだした織田信長は、「元亀」改元（一五七〇）と「天正」改元（一五七三）を間近で目撃した。このうち、前者は、足利義昭が再三要請していたもので、信長の関与は史料上確認できない。

しかし、後者に信長の直接的な関与があったことは明白である。「元亀」改元からまもない元年十一月、早くも義昭が朝廷に対して、「天下兵革」を理由に改元を申し入れた（『改元覚書』）。この元亀元年六月には浅井・朝倉連合軍との姉川の戦いがあり、また八月には、三好三人衆（三好長逸・三好宗渭・岩成友通）らが信長に対して叛旗を翻し、さらに大坂・石山本願寺の顕如（一五四三〜一五九二）も信長に対して武器をもって戦うよう宗徒に対し檄文を出すなど、信長は重大な危機に立たされていた。

このような緊迫する畿内情勢の中で、同年十一月九日、義昭は朝廷に対して改元を申し入れた。理由は「天下兵革」であるが、あわせて義昭は、同じ年に二度改元した先例があるかどうかも朝廷側に尋ねている。この申し入れに対し、当時関白であった二条晴良（一五二六〜一五七九）は、同じ年に改元を二度行うのは異例（奈良時代に一例のみ）であり、今年は日程的に余裕がない、と難色を示したので、沙汰やみとなった。義昭は「元亀」年号に強いこだわりを持っていたとの指摘もあるが、ここからは、むしろ信長の危機を自らの危機として積極的に改元を求める義昭の様子を見ることができる。

　次に改元への動きがあったのは、元亀三年三月のことである。「織田弾正忠（信長）」が改元の事を「急度（きつと）所望」していることが朝廷に伝えられ（『改元覚書』）、これを受けて朝廷でも改元奉行と勘者を任命している。ところが、今度は義昭の方が改元費用の調達を拒否したので、再び取りやめになった。

　この義昭による改元の拒否は、その後の義昭と信長の関係に影を落としていく。その秋、信長は義昭に対して職務の怠慢や不行跡などを箇条書きにした「異見十七ヶ条」を突き付け、改元のために費用の調達を行わなかったことを次のように叱責している。

　一、元亀の年号不吉に候間、かいけんい（改元）然るべきの由、天下の沙汰に付きて申し上げ候。禁中にも御催の由に候処、聊かの雑用、仰せ付けられず、今に遅々候。是は天下の御為に候処、御油断、然るべからずと存じ候事

（元亀の年号が不吉であるため、改元を行うべきであると、天下で取りざたされており、その旨を私も申し上げ、朝廷でも準備を進めていた。それにもかかわらず、わずかの資金も提供しないため、今まで改元が遅れている。天下のためであるのに、このような油断をすることは、よくないことである）

信長と義昭の不和は、翌元亀四年には決定的となり、信長は七月に義昭を京都から追放し、名実ともに天下人となった。すると信長は、即座に朝廷に対して「元亀」年号の改元を申し入れ、それから一カ月にも満たない七月二十八日「天正」へと改元が行われた。ただ、改元の準備に時間がないため、勘文は、前年のものを再利用している。しかも、その複数の案から「天正」を選んだのは信長であり、後から朝廷が追認した。

この時、正親町天皇は信長あてに改元の実施を伝える綸旨を発給し、信長のもとへ勅使を遣わされている。綸旨とは、蔵人が天皇の意向を承けて発行する文書で、次のごとく記されている（宮内庁書陵部蔵「東山御文庫所蔵資料」）。

改元執行せられ、年号天正と相定まり候、珍重に候、いよいよ天下静謐にして安穏の基、この時に如くあるべからざる条、満足に察し思し召さらるるの旨、天気に候所なり、仍(よつ)て執達件(くだん)のごとし。

（改元が行われ、年号が天正に定まりました。珍重なことです。いよいよ天下が静謐で安穏になることは、この時をおいて無く、満足に思う、という天皇〈正親町天皇〉のご意向を、ここに伝えます）

七月廿九日　　左中将（中山）親綱

織田弾正忠（信長）殿

こうして改められた「天正」年号は、信長が事実上の天下人になった時から、「本能寺の変」での急逝後を含めた約二十年間継続して使用され、信長の時代を象徴する年号となった。

ちなみに天正十二年（一五八四）、権力を継承した豊臣秀吉は、信長追善のため紫野（京都市北区）にこの年号を冠した「太平山天正寺」の建立を計画した。現在も大徳寺に、正親町天皇が「天正寺」と揮毫された、宸筆（しんぴつ）の扁額が残っている。

■2　豊臣秀吉と「文禄」「慶長」改元

本能寺の変から四年後の天正十四年（一五八六）十一月、正親町天皇の孫にあたる和仁親王が、後陽成天皇として即位された。しかしながら、その代始改元は、すぐには行われていない。

天正十九年（一五九一）の十二月、秀吉は関白職を甥の秀次に譲り、太閤（前関白）となることで、公家としても最高の地位に君臨するに至った。秀吉から関白職を譲られた秀次は、就任に当たり、秀吉から「たいり（内裏）方ねん比（懇）にいたし、御ほうこう（奉公）申へく候」（禁中の事には十分に配慮し、御奉公を怠らないこと）と言い渡されていたが、朝廷儀礼など公家社会における関白職の役割には比較的無関心で、儀式に参加しないどころか、御所への参内でさえも年数回程度にとどまっていた。

その秀次が、「天正」から「文禄」への改元の際、天皇から有力公家や摂関家の当主に対して、事前に新年号について意見を求められる「勅問」に、関白として与（あず）かっている。朝廷内の慣例として行われる「勅問」に武家が関白として与かったのはこれが初めてであり、これ以後もこのような事例は確認できない。

それに対して秀次は、次のように答えている（『改元勅答部類』）。

> 年号何字を用ゐらるべきやの事、先賢の答へと雖も定めて吉凶共相交はり候か、偏に短才の覃(およ)ぶ所にあらず、かつ群議に任せられ、かつよろしく聖断あるべし
> （年号にどんな字を用いるべきかについては、先賢らの答えであっても、吉例と凶例が交わっており判断が難しい。とても短才で答えることはできないので、群議〈当日の改元定〉の決定に任せ、天皇の判断で決定あられるべきである）

つまり、秀次は自らの意見は何も述べなかったことになる。

この「文禄」改元（一五九二）は、後陽成天皇の即位が理由に挙げられている。しかし、既に践祚から六年も経過しており、直接的な理由とは言い難い。秀次の関白就任や、小田原の役等による国内平定などに加え、「天正」年号の使用が、二十年の長きに及んでいたことも、理由の一つであると考えられる。

次の「慶長」改元は、文禄五年（一五九六）に行われた。これは、同年閏七月に発生し

た慶長伏見地震により、秀吉が完成させたばかりの伏見城が大破するなど、畿内に甚大な被害がもたらされたことによる。地震発生の翌月、早くも京都所司代の前田玄以から、公家と武家とをつなぐ武家伝奏の公家三名（勧修寺晴豊（かじゅうじはれとよ）・久我敦道（こがあつみち）・中山親綱）に対して、祈禱と改元が申し入れられ、それを受けて改元の準備が始まった。しかし九月に入ってそれが滞る。改元定への参加者の人選などをめぐり、朝廷側と秀吉との間で頻繁に意見交換がなされていたようで、ようやく十月二十七日、「慶長」と改元された。

この「慶長」年号を選択したのは、秀吉であった。信長は改元の実施や新年号については意見を申し入れたが、秀吉に至って、改元定の人選など、儀式をも含んだ改元全体に直接関与していたことがわかる。

■3　徳川家康と異例の「元和」改元

徳川家康は、慶長五年（一六〇〇）、関ヶ原の戦いで勝利し、まもなく征夷大将軍に任じられ江戸に幕府を開いた。慶長年間には、関ヶ原合戦を含む兵革や、後水尾天皇（一五九六～一六八〇）の即位（一六一一）もあったが、直ちに改元は行われていない。

このひとつの原因として考えられるのが、大坂にいた豊臣秀頼の存在である。家康は、既に官職やその政治的地位において秀頼を圧倒する権力を持っていたが、太閤秀吉の実子であり、また朝廷から公家としても遇されている秀頼が、「摂家」として改元に関与する可能性がある以上、改元は難しかったのではないか、との見解もある（吉田洋子）。慶長二十年（一六一五）の大坂の夏の陣で、五月八日、秀頼が淀殿とともに大坂城で自刃すると、京都へ凱旋した家康は、早くも五月末には、朝廷に対して改元の準備に取り掛かるよう申し入れている。

ところで家康は、「元和」改元（一六一五）直後の七月三十日に、天皇以下諸公家の行動を規制する「禁中並公家中諸法度」（全十七条）を制定した。その「禁中並公家中諸法度」の起草などに関わった金地院崇伝（こんちいんすうでん）（一五六九〜一六三三）は、慶長二十年三月（大坂の夏の陣の直前）、改元に関する故実について、次のように記している（『本光国師日記』）。

一、改元の事に付て、堅固内々の沙汰に候、其故は元号下ひかり（下光）と申し候て、勘文先づ奏覧あり、其の後将軍御一覧ありて、勘進の中の元号、吉例を以て相定めらる、上卿内々これを承る、将軍御点の元号相定め次第、下知を加へ候故実これあり、――に先例またかくのごとく候、かくのごとく候へば、本朝法度もうせ申さず候や、仗儀の沙汰に及ばず、漢家の元号を以て相定め候へば、一の政断絶又は儒中の先蹤もなくなるべく候哉、然ればすなはち元号の字は、内々将軍御歴覧にて相定められ、改元の作法は、古今有来ごとく陣儀執行はれて然るべく候はん候哉如何

（改元については、固く内々の作法がある。その訳は、元号の「下光」と言って、勘文が先ず〈天皇に〉奏覧され、その後、将軍が一覧した上で、勘申された中の元号を吉例によって定められる。〈改元の〉上卿は、内々これを承り、将軍が点を付けた年号を定めるよう、下知を加えるという故実がある。このような仕組みにすれば、本朝の法度も失せないのではないか。それを仗議の沙汰に及ばず、漢家の元号〈中国年号〉によって定めれば、一の政が断絶し、また儒者の先例もなくなってしまう恐れがある。元号の字は、内々に将軍が御覧になって定められ、改元の作法は、古来同様、陣儀を執り行われるのがよいのではないか）

すなわち年号は、一方で将軍が事前に確認して決定するが、他方で改元の作法は、従来どおり「陣儀」を経た上で決めた方が良い、との意見である。この崇伝の提案に沿う形で、「元和」改元は、「漢朝（中国）の年号」から年号を選定するよう要請がなされた。そのた

め、朝廷では、唐の徳宗の「興元」が候補に挙げられ、一時はこの年号に決まりかけたが、最終的には、唐の憲宗の「元和」に決定している。

また「禁中並公家中諸法度」の第八条には、改元に関する次のような規定が設けられている。

改元は、漢朝年号の内、吉例を以て相定むべし、重ねて習礼相熟すにおいては、本朝先規の作法たるべき事

（改元は、漢朝の年号の中から、吉例によって定めるべきこと。重ねて習礼に熟するようになれば、本朝先規の作法に沿って行うべきこと）

すなわち、年号は漢朝の年号から採用すること、しかし、改元の故実などに習熟すれば、本朝の先規の作法に従うべきこと、の二点である。これは、「元和」改元の正当性を担保したものであるということができよう。

二　江戸時代の朝幕協力改元

■1　「寛永」改元と「将軍代始」

「慶長」から「元和」へと改元がなされてまもなく、古来慣例として改元の行われてきた、六十年に一度の辛酉・甲子年を迎えた。とはいっても前回の永禄四年と七年（一五六一・一五六四）には、いずれも改元されていない。そのためか、元和七年（一六二一）の辛酉の年には、改元が行われなかった。前年の元和六年末には、辛酉革命の有無と改元についても若干の議論が朝廷内でなされたようであるが、具体的な動きには至らず、沙汰やみとなっている。

この理由について記した史料は確認できないが、「禁中並公家中諸法度」成立後、最初の改元として行うには、朝廷も幕府も準備が不十分であったことが要因として挙げられよう。家康亡き今、朝幕双方にとって、改元をどのように行うかはまさに手探りであった。

しかし、更に三年後の元和十年（一六二四）には、甲子年を理由として「寛永」と改元された。その出典は、『毛詩朱氏註』の「寛広永長」から採ったもので、東坊城長維が勘申している。この時、朝廷では、改元に伴う幕府との事前調整が必要となったため、年号勘者から提出された年号案を、朝廷内である程度絞り込んだ後、幕府に送って事前に意見を求めることにした。具体的には、朝廷で、新年号の候補を八号（八案）に絞り込み、そのうち三号（寛永・享明・貞正）が特に良いとして、江戸へ送った。幕府はこれを検討し、改元日も新年号も、「叡慮（天皇の意向）に任せる」という次のような武家伝奏あての返答を送っている。

今年甲子改元の事につき、二月御吉例として晦日に執行さるべきの由、もつとも存じ奉り候、したがつて年号八字三の内、何もこれを叡慮に任せらるべし、これらの趣、宜しく奏達あるべく候也、謹言

〈今年の甲子改元の事について、吉例である二月の晦日に改元を行いたいとのことは、もっともなことと存じます。したがって、〈示された〉年号案八号のうち、三号の中からどれでも天皇の意向に任せられるべきであると考えます。これらのことを、よろしく奏聞するようにしてください〉

二月廿一日　　　　　　　　　　　　　御諱（家光）

三条大納言（三条西実条（さねえだ））殿

中院（なかのいん）中納言（通村）殿

このように、「寛永」改元において、幕府が朝廷の意向を尊重する姿勢を取ったのは、改元前年の元和九年七月に、家光が伏見城で将軍宣下を受けており、天皇の代始改元にならって、将軍の代始改元をもくろんだのではないか、とも指摘されている（山田忠雄）。

このことは史料上確認できないが、かつて織田信長が足利義昭を追放した直後に「天正」と改元し、また豊臣秀頼を滅ぼした三カ月後には家康が「元和」と改元したことを考えると、将軍宣下を受けた家光が、新しい時代が到来したことを宣言するため、甲子改元に合わせ、「将軍代始」の改元を希望した可能性は十分あるだろう。

■2　制度の整備と『改元物語』

この「寛永」年号は、江戸時代でも長期の二十一年に達した。次の「正保」改元（一六四四）からは、改元における朝幕間交渉も、朝廷内での準備も先例に則り進められていく。朝廷内で年号案を数例に絞り込み、幕府に提示するという方法も、基本的には幕末まで踏襲された。また、改元の儀式や参仕する公卿の人数、改元前の下準備などについても、先例を踏襲する形で、徐々に儀礼として整備されていく。たとえば改元勘者は、菅原氏が以後幕末まで代々委嘱されている。また、辛酉・甲子年の改元も、「寛永」改元（一六二四）で甲子年の改元が復活した流れを受けて、次の「天和」「貞享」（一六八一・一六八四）から幕末の「文久」「元治」（一八六一・一八六四）まで連続して行われている。

そのような中で、江戸幕府に儒者として仕えた林羅山（一五八三～一六五七）の子である林鵞峰（春斎、一六一八～一六八〇）は、江戸初期の改元に林家がどのように関与したかを具体的に記した『改元物語』を著している。以下、同書によって、「寛永」「正保」「慶安」改元における、幕閣内での議論の様子を紐解くことにしよう。

（イ）元和年中、京師大火あるに由りて、京童部の癖なれば、「元和の字は、ケムクワと読むべし」などののしるによりて、十年に当る時、改元ありて寛永と号す。寛永の年号めでたく二十年を歴たり、然れど街説には「ウサ見ルコト永シ」など云ひしと

なん、此の年号のうち、台徳公（徳川秀忠）薨じたまひ、又今本院（明正女帝）即位ましませども改元に及ばず

（元和年間、京都で火災があったので、京童の癖として「元和の字はケムクワ〈喧嘩〉と読む」などと噂をして騒いだので、〈元和〉十年に当たる時に改元があり、「寛永」と号された。寛永の年号は、めでたく二十年を経たが、巷説には、「ウサ見ルコト永シ」などと言われていた。この年号〈寛永〉の時に、台徳公〈徳川秀忠〉が薨じ、また今の本院〈明正女帝〉が即位されたけれども、改元には至らなかった）

（ロ）　寛永二十年の冬、後光明天皇即位あり、一年号三帝に渉る例なしとて、明十二月改元ありて正保と号す、此の時、諸家の勘進するところ数多ありと雖も、大猷公（徳川家光）御前にて御裁断ありて、仰に曰く、「年号は天下共に用ゐることなれば、武家より定むべきこと勿論なり。公家武家の政は正しきに若くはなし、正しくして保たば大吉なり」と議定したまふ。其時、酒井讃岐守（忠勝）、堀田加賀守（正盛）、松平伊豆守（信綱）、阿部対馬守（重次）、阿部豊後守（忠秋）伺候し、先考（林羅山）、旧例を考へ調進し、公家の勘文を御前にて読進す。我（鵞峰）も其ことに与り侍りぬ

（寛永二十年の冬、後光明天皇が即位されて、一つの年号が三代の天皇に用いられる例がないということから、翌年十二月に改元があって、「正保」と号した。この時、諸家が勘進した年号は多くあったが、徳川家光の御前で裁断があり、「年号は天下で皆が共に用いるものだから、武家より定めることが当然である。公家・武家の政治は正しいことが第一であり、正しくして保てば大吉である」と議定なされた。その時、酒井忠勝・堀田正盛・松平信綱・阿部重次・阿部忠秋が伺候しており、林羅山が旧例の考証にあずかり、公家の勘文を〈将軍の〉御前で読み上げた。私〈林鵞峰〉も、そのことに関わった）

（八）　正保五年、また京童部の癖なれば、正保は焼亡と声の響き似たり、保の字を分ければ人口木とよむべし。又正保元年と連書すれば、正に保元の年とよむ、大乱の兆しなり」と放言す。又少し書籍をも見ける者は、正の字は一ニシテ止ムと読む。久しかるまじき兆なり」と云へり。かやうの雑説、まちまちなるによりて、京兆尹板倉周防守重宗内々にて言上しけるにや、慶安と改めらる、此の時も先考（林羅山）を御前に召して御議定あり

（正保五年、また京童の癖として、正保は「焼亡」と声の響きが似ており、「保」の字を

分ければ「人・口・木」と読むことができる。また、「正保元年」と続けて書けば、「正に保元の年」と読め、大乱の兆しであるなどと放言している。また、少し書籍などを見る者は、「正」の字を、「一にして止む」と読み、長くは続かないなどと言う。このような雑説が満ち溢れたことにより、京兆尹〈京都所司代〉の板倉重宗が、内々に改元を進言したとのことで、「慶安」と改元された。この時も、林羅山を〈将軍の〉御前へ召して、議定がなされた）

本文は、この後も続くが、この『改元物語』から、江戸幕府が改元についてどのように考えていたのかを詳細に知ることができる。

まず興味深いのは、京都における噂に気を遣っている点である。「元和」を「喧嘩」と結び付け、「寛永」の「寛」字を分解して「ウサ見」ること「永」し（憂さ見ること永し）とし、「正保元年」を「正に保元の年」と読んで、「保元・平治の乱」のような大乱の兆しとするのは、ある種の難癖と言ってもよいだろう。

しかし、このように、人々が日常的に使用する年号について強い関心を持ち、対応を誤れば社会不安にもつながりかねないことから、幕府としても、このような年号を巡る噂には、注意深く対処したものと考えられる。実際に、「慶安」改元（一六四八）は、『改元物語』の記載のとおり、このような噂の広がりを懸念した幕府が、改元を進言した可能性が高い。

また、幕閣で年号案を選定する際、「正保」改元時には、朝廷から幕府へ送られてきた年号案について、将軍家光の御前で年号案の選定が行われた上で、家光みずから、「年号は天下で皆が共に用いるものだから、武家から定めることが当然」と発言していたという。つまり、改元の儀礼は朝廷が行っても、年号の決定は幕府が主導するという、朝幕間で分担する形で改元を行う姿勢を見ることが出来る。

また、この『改元物語』には、「改元は天下の大挙」であるが、「正保より明暦までは、毎度先考（林羅山）のあづかるところなり、万治より此の度（延宝改元）まで三度予（鵞峰）が与りし所なり」とあって、「此の僉議（せんぎ）の時、執政の外、予父子ならでは一人も与る者なし」と誇らしげに書いている。幕府に儒者として代々仕えた林家は、朝廷から送られてきた年号勘文やその出典について、詳細な検討を行い、年号選定に関与していたのである。

■3　年号改元にみる朝幕関係

このような改元の仕組みは、江戸時代前期には定まっていった。勘者宣下や改元定などは基本的には前代を踏襲したが、年号案と改元日の選定などには、事前に幕府との交渉が必要であった。

まず、改元の発議は、朝廷と幕府のどちらかが改元を申し入れ、合意に達してから準備が進められた。幕府側から申し入れた例は、元禄十六年（一七〇三）十一月に発生した南関東を震源とする元禄地震を契機とした「宝永」改元（一七〇四）や、正徳六年（一七一六）四月、将軍家継がわずか七歳で薨じたことによる「享保」改元（一七一六）などである。一方、天皇の代始や辛酉・甲子年の改元、京都やその周辺で発生した災害などの場合は、朝廷側から改元を申し出されている。

天皇の代始改元は、後陽成天皇と後水尾天皇の場合は、即位後数年たって行われている。続く明正天皇に至っては代始改元が行われていない。また、後光明天皇と後西天皇は践祚の翌年に行われているが、その次の霊元天皇は行っていない。『改元物語』には、「寛文三年、当今（霊元）皇帝即位ましまます、御宇（ぎょう）の初めなれば、改元ありたくおぼしめす沙汰ありしとなん、然と、事遂されば、江戸より御許容なかりけるにや」とみえ、当時の幕府が天皇の代始改元を否定する考えを持っていたことがうかがえる。

一方、将軍の代始については、関連性が濃厚な家光の将軍襲職による「寛永」改元（一六二四）、家綱の襲職による「承応」改元（一六五二）、吉宗の襲職による「享保」改元（一七一六）がある。ただ、いずれも表向きの理由として、改元詔書などには記されない。

これが、江戸時代の中ごろから、将軍代始の改元はその方向性が薄れる一方、天皇の代始は次第に定着し、光格天皇の代始である「天明」改元（一七八一）以降は、践祚の翌年か翌々年の間に励行されている。

朝廷で、改元を行うための臨時の役職である、改元の儀式を掌る「改元上卿」は、原則として摂関家から一名選出された。また改元の事務や交渉などを取り仕切る「改元伝奏」と「改元奉行」も、それぞれ一名任命され、役料が支給されている。この三者を中心に、およそ八～十人の公家が改元の儀式を担当している。

新年号の文字案は、原則として菅原道真の子孫で、紀伝道を家職とした、菅原家（江戸時代には、高辻、五条、東坊城、唐橋、清岡、桑原の六家）の儒者（文章博士が多い）に委嘱された。選ばれた年号勘者は、中国の古典（経書・四書など）を出典として、各々三～

五号程度を勘申した。

戦国時代以前には、年号勘者には菅原家以外の人物が務めることもあり、必ずしも菅原家のみが改元の勘申に与かった訳ではなかったが、江戸時代には菅原家が独占した。

なお、「元文」改元（一七三六）時には、桜町天皇の強い意向により、侍読などを務めていた菅原家出身ではない伏原宣通（ふしはらのぶみち）（一六六七〜一七四一）が、珍しく年号勘者に加えられた。しかし、菅原家による公家上層への猛烈な働きかけや、代々菅原家が改元勘者を務めてきた実績と記録の提出により、最終的に撤回されている。

勘者から年号案が提出されると、その絞り込み作業が行われた。ただし、正式な勘文より前に出される「内勘文」（さらに前に「内々勘文」）をもとに、天皇から、朝廷上層の公卿らに意見を求められる「勅問」があり、それに対して、各々が「勅答」として意見を述べる。

このような「勅問」「勅答」に加え、文字の読みや反切（はんせつ）、過去の使用の有無、漢字の意味や吉凶、典拠となる出典の確認などが行われたのである。この過程では、天皇や上皇が、具体的な意見表明を行うことも珍しくない。霊元上皇と東山天皇との間では、新年号を巡って書状のやりとりを通して意見交換がなされ、その意向は新年号の選定に反映されている（野村玄・所功）。天皇は改元陣儀の後、上奏されたものから新年号を決定し、改元詔書を発布する建前であるが、実際は早くから、様々な形で意見を表明されている。

こうして絞り込まれた年号案は、武家伝奏を通して朝廷から幕府に対して伝えられた。このときは、年号案を列挙した中の特定の号が、「丞相中」（大臣たち）にも評判が良いなどとして、朝廷側の意向が反映されることもあった。

それをうけて、幕府では、林家や老中などを招き、将軍も加わって新年号案を吟味し、積極的に案を選ぶか、「叡慮に任せる」という形かのどちらかで返答を行っている。

その後、朝廷では改元を行うが、これらの儀礼作法は、事前に難陳で誰がどのような意見を述べるのかや、当日の段取りなど十分に調整されていた。実際に改元定の数日前から当日の儀礼に参加する公卿らを集めた下打ち合わせと練習が行われている。また、あわせて、詔書案や覆奏等の書類作成、当日に使用する道具の調達などの準備も進められた。

また、同じく改元日については、陰陽道を家職とする土御門家が日時勘文を上げている。その上で行われる公卿の難陳は、毎回先例どおり運ばれた。そこで絞られた案が奏上され、それを天皇が認めて新年号を決定された。その後、改元詔書に、天皇が「御画日（ごかくじつ）」として、日付を宸筆（天皇自らの筆）で書き込まれる。

その後、武家伝奏から京都所司代を通じて幕府あてに、改元が無事終了したことを飛脚で知らせた。幕府では、改元の知らせが到着すると、江戸の藩邸に滞在している諸大名を江戸城に登城させ、改元を披露した。これを承けて、各大名は領国へと伝達している。そのため、朝廷で改元の行われた日付ではなく、江戸で諸大名らに改元が披露された日（公達日）が改元日として、各藩領や領国に伝えられることも多かった。全国に改元が伝達されるまでに、およそ二週間から一カ月程度を要している。

また、年号の読み方については、朝廷内で難陳の際議論が行われるものの、特に朝廷や幕府から伝達されていない。また、改元を伝える触（ふれ）などには、一部地域で、読み方を「ルビ」として記載した例もあるが、ほとんどは各地に任されていた。そのため、例えば「慶長」号は「けいちょう」か「きょうちょう」か、「宝暦」号は、「ほうれき」か「ほうりゃく」かなど、当時の史料でも読み方が一定しない。さらに、漢字の書き方は、「重きこと」であるため「万延」とせず、「萬延」と正字を用いるように、との触が幕末に出されている。

■4　改元費用の在り方

先に触れたように、室町時代の改元の費用負担については、その多くを室町幕府や諸大名らに頼っていたが、その状況は江戸時代に入っても同様であった。

江戸時代最初の改元である「元和」改元（一六一五）では、改元の用脚（費用）として、約百五十石余りが公家らに支給された。これは改元が行われてからおよそ二カ月が経過した九月末に、幕府の「二条蔵」から支給されている（宮内庁書陵部蔵『元和度改元御下行記』）。

これを見ると、改元の費用として内侍所の初穂代として三石、改元上卿に十石、改元伝奏・奉行に三石、陣儀に参加する公卿らに各五石、官務・出納・外記などの事務方に三石程度がそれぞれ下行（げぎょう）されている。また、関連する費用として、改元詔書作成のために大内記へ三石、吉書作成のために官務・出納にそれぞれ三石、改元勘文作成のため文章博士に三石などの他、陣儀で用いる陣畳代として大蔵省に二石、松明代として一石、硯代として文殿（ふどの）に五斗、宿紙のため図書寮に五斗などがそれぞれ支払われている。

なお、改元費用については、基本的にこの「元和」改元の惣用を基準として、幕末まで配付額が決定されていった。このため、多くの項目では支給額の変更は行われていない。一方、官人の復興など、改元儀式への参加者数が増えたため、支出の項目はわずかながら増加している。また、大赦が行われた際や、辛酉・甲子年に革命当否の陣儀が行われた際などには、追加で費用が発生している。これらも含めて費用は幕府が負担したが、江戸時代後期頃には、条事定（改元前に行われる形式的な国政の審議）なども合わせ、全体でおよそ二百から四百石程度の費用が発生している。

三　幕末の世相を映す改元

■1 「黒船」の渡来と「安政」改元

さて、江戸時代の朝幕関係の画期は、江戸時代後期の光格天皇の登場ともされるが、年号に限って言えば、その前後でそれほど大きな変化は見られない。全体として、幕府の関与が後退し、朝廷が主導性を増してはいるが、基本的には江戸時代初頭に固まった、朝幕間の改元手続きの範囲内で改元が行われていた。このような朝幕間の改元の様相が、幕末になると大きく変化を見せる。以下に「安政」改元以降の様子を見てみよう。

「安政」改元（一八五四）は、同年四月に発生した大火による内裏焼失と、畿内の地震、異国船の渡来を理由として行われた災異改元であるが、ここで注目すべきは、改元の理由として、当時国家的危機と認識されていた「異国船の渡来」が挙げられている点である。改元詔書には、「洋夷出没して、腥膻薫騰し（きな臭い空気となり）、辺海靖からず」との言葉が見える。従来の災異改元は、京都か江戸周辺での地震や旱魃など自然災害や火災、天皇の崩御などに限られていたが、異国船の渡来が地震や旱魃などと同様の「災異」として認識されていたことが分かる。この改元の背景には、災害の頻発や異国船の来航により、「薄徳の然らしむる処と悲痛限りなし」（安政五年六月、九条尚忠宛て孝明天皇宸翰）と心を痛められていた孝明天皇が、改元を強く希望されたことがある。これを受けて関白の鷹司政通は、武家伝奏を通じて幕府側にこの意向を伝え、改元にこぎ着けている。これらのことからも、従来より天皇自身の関与の度合いが増していることが窺える。

さて、その後「万延」「文久」と改元が続き、江戸時代最後の甲子改元である「元治」改元（一八六四）に至る。この改元においては、「禁中並公家中諸法度」以来の朝幕間の改元手続きからの「逸脱」とも言うべき動きが、特に朝廷側で見られるようになる。

■2　「元治」改元と別の年号案

甲子年が間近に迫った文久三年（一八六三）十一月、朝廷では、翌年に甲子改元を行うことが内定したが、この時、従来行われてきた幕府との改元実施をめぐる事前協議が行われなかった。これは、文久年間に行われた、朝幕間の儀礼上の変更を含む諸変革の中で、武家伝奏選任の際の内慮伺いが停止されたことから、改元においても同じ運用がなされたものと考えられる。

また、年号案の幕府への披露では、あわせて七号が示されたが、朝廷側はこのうち「令徳」号が「叡慮に叶う」とした上で、これ以外に「一、二号」を挙奏するように幕府に伝えた。このように、「叡慮」を前面に出し、また複数号を挙げさせて、幕府に最終的に年号を決定させない形での年号案の提示は初めてのことであるが、これを受けた幕府側も、叡慮の「令徳」号を認めた上で、もう一号として、「元治またしかるべく思し召され候」(『続再夢紀事』)と「元治」号も合わせて朝廷側に返答している。

これを受けて朝廷側では「令徳」号の使用で準備が進められたが、中川宮朝彦親王らへの松平慶永らの働きかけにより、幕閣では不評であった「令徳」ではなく、「元治」が選択されている。幕府では「徳川に命令する」とも取れる字は不快であったようで、松平慶永の『続再夢紀事』では、この時の事情について、「幕府は令徳の字を殊の外これを忌み、元治の号に決せらるゝ事を望まれけれど、さすがに公然上答にも及ばれがたき次第ありて心痛のよし」としている。つまり、幕府では「令徳」号が不快であったにもかかわらず、それを表だって朝廷へ返答できない程、「元治」改元(一八六四)段階で朝幕関係が逆転していることになるのである。また、あわせて「元治」改元時には、在京の諸大名に対し

図1　江戸時代の改元手続き

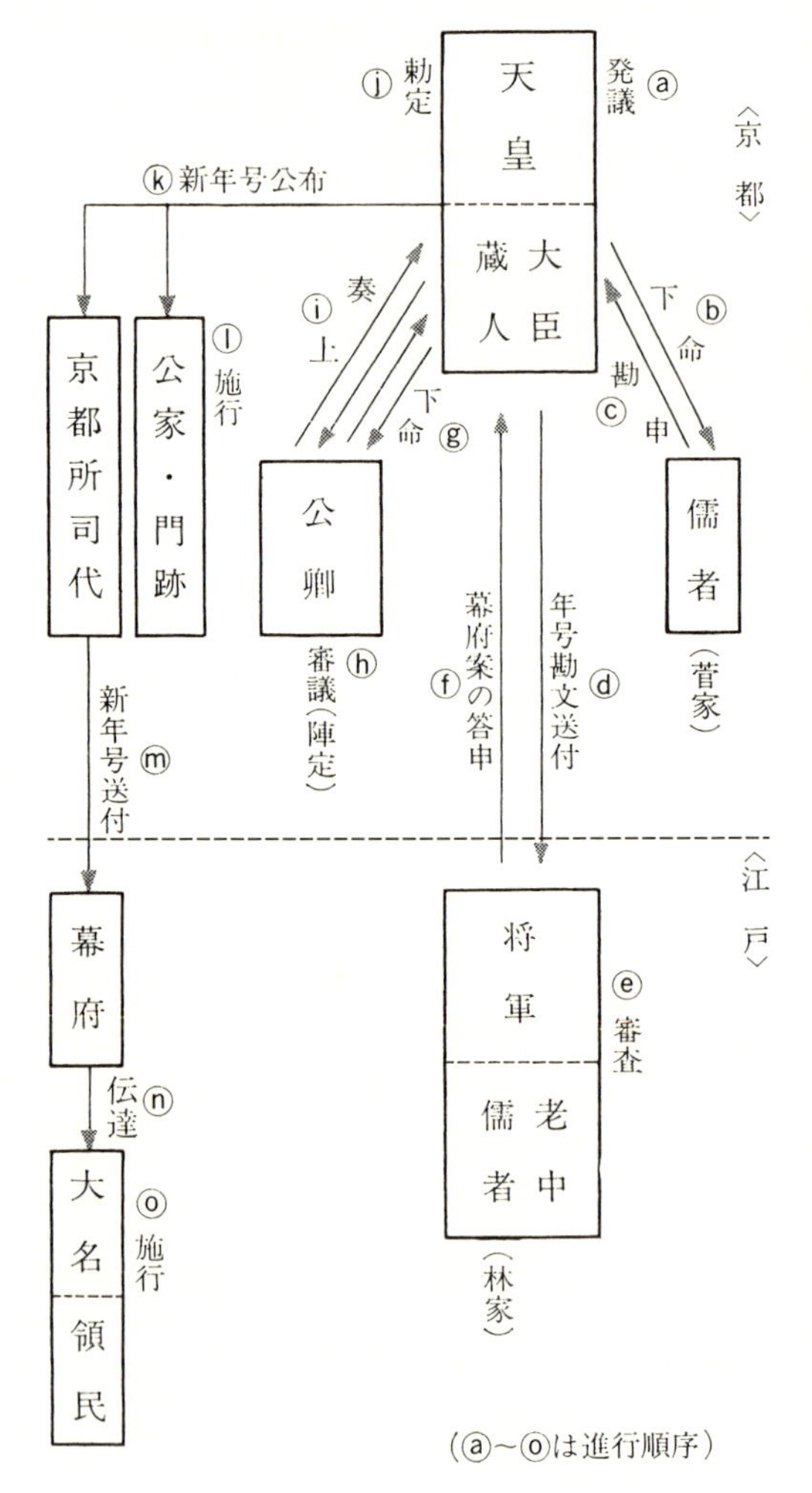

ても、改元式の拝見が一部に許可されている。

　これらを踏まえると、江戸幕府が幕初に決めた朝幕間の交渉形態は、この元治段階で、改元実施に当たっての事前調整や年号案の選定などにおいて、大きく変化している様子がうかがえる。

■3　朝廷主導の「慶応」改元

　江戸時代最後の改元となった「慶応」改元（一八六五）は、早くも「元治」改元の翌年である元治二年二月には議題に上っている。孝明天皇の『慶応度改元号記』によれば、「さる人」から改元の申し入れがあったとされ、その人名は記されないが、一橋慶喜が内々に申し入れたとする記録（『言成卿記』元治二年四月七日条）もあり、その可能性が高いだろう。そして今回も、改元の実施は幕府に正式に伝えられることなく、朝廷で準備が本格化している。

　年号の選定に当たっては、先の「元治」改元時と同じように、「叡慮」である「慶応」以外に「一、二号」を挙奏するよう伝達がなされ、幕府は「慶応」に加え「明定」を挙奏した。また、これとは別に、将軍徳川家茂から直接、年号案に対する「勅答」がもたらされており、天皇の前で披露された。そこには、「年号文字の事、七号何れをもって採用せらるる所存これなく候、よろしく天裁あるべきや」(『慶応度改元号記』)と、事実上朝廷側に丸投げしている。こうした中で、叡慮で示された「慶応」に決定し、改元が行われた。なお、この改元には、孝明天皇が準備段階から全般に渡って積極的に関わっており、改元の日時勘文や式次第、参仕する公卿の一覧などが逐一天皇のもとに届けられている他、年号案についても積極的に発言している。

これらのことを踏まえると、江戸時代最後の二回の改元、「元治」改元と「慶応」改元においては、江戸幕府が幕初よりその既定路線としてきた朝幕間での改元の仕組みが事実上崩壊し、朝廷側が改元を全面的に主導し、幕府はそれを追認することしかできなくなっている。ここに、江戸時代の「改元制度」には終止符が打たれ、「明治」改元(一八六八)へと繋がっていくのである。

コラム　改元への庶民のまなざし

庶民は改元に政治変革へのほのかな希望を託していた。そのような庶民の声が多く残されるのが、狂歌や川柳である。

改元や年号に関わる狂歌は、江戸時代前期から既に確認される。明和九年（一七七二）が「迷惑（めいわく）年」とされ、忌避されたことはよく知られるが、「明和」から「安永」へと改元（一七七二）が行われた後には、「年号は安く永くとかはれども、諸色高くて今に明和九（迷惑）」と、改元があっても諸色（諸物価）が高いままで、未だに迷惑していると揶揄する歌が詠まれている。同じく安永年間には、「安永の安く永いは米と銭　塩が高いは辛き世のゆゑ」と痛烈である。

天保から弘化へと改元（一八四四）された時には、「天保十六でなし（天保中ろくでなし）、是からどうか弘化（どうかこうか）よからう」、次いで「嘉永」から「安政」へと改元（一八五四）された時には、「世の中が安き政（まつ）りと成（なる）ならば　嘉永さう（可哀想）なる人がたすかる」などと詠まれている。災害が多く発生した「安政」から

「万延」へと改元（一八六〇）されると、「無安政津浪地震に大嵐　ころり大火に桜田の難」と、安政の東海・南海地震や安政江戸地震、コレラの全国的な流行に加えて桜田門外の変と、全く「安政」どころではないじゃないか、という人々の心の叫びが聞こえるような歌が詠まれている。

このように、日々年号を利用しながら生活をしている庶民にすれば、改元により、新時代を期待するという願望があったことは確かであろう。これは、知識人が合理的な観点から辛酉年などの改元を否定し、一世一元を提唱する流れとは対極の動きである。人々の改元の呪術性への信仰ゆえに、幕府もこれを無視し得ず、結局辛酉・甲子年の改元や災異改元は、江戸幕府の崩壊まで続くことになるのである。

コラム　幕末故実家の証言

幕末に摂家一条家に仕え、宮廷故実家としても著名な下橋敬長（しもはしゆきおさ）は、その著『幕末の宮廷』の中で、難陳の様子を記している。幕末の改元の証言として貴重である。以下に見てみよう。

> 陣座（ジンノザ）の型を拵（こしら）えまして、それから、やはり笏（しゃく）の代わりに扇を持って難陳をやります、（中略）実は文久に定まるのでありますが、それには非難をつけるのです。上卿は黙ってこう聴いておられます中で、稽古（けいこ）をして行って本当にやります、一方は討つ（反対意見を述べる）、一方は賞（ほ）めるのです、「汝申さるるといえども、明治の号何々、明の字は何に障りがある、治の字は何に障りがある、これによって、然るべからず」と言ってしまいます。そうすると、一人が明治にしようと思うと、「汝申さるるといえども、明の字は『あきらか』で宜（よ）い」とか、治の字は「おさまる」とか「誠に然るべし」とまたやります。（中略）そうして、一番終い

に、上卿さんが黙って聴いておりて、「汝申さるるといえども、文久然るべきや」、それで、お辞儀をしてお終い、それで、上卿は奥へお進みになって、そうして、御上へ申し上げる。

前から文久に定まっておるのですけれども、そういう訳で、年号のことは、これは徳川さんに相談せぬで勝手にやってはつけませせぬ、幾つか年号を書いて、この中で、どれにしようということを、徳川さんに伺うのです。伝奏から所司代を経て御老中、御老中が将軍さんに伺う、それから御老中から所司代、所司代から伝奏を経て関白さんに、文久なら文久にせいということを言うて来る、これは内々で御話をする、実は難陳せぬでも定まっておるのであります。

第六章　近代に確立した「一世一元」

明治天皇

一　一代一号の提唱と「明治」改元

■1　中井竹山と藤田幽谷の提言

今では「年号」というより「元号」の方が一般に理解されやすい。それは「明治」改元以降、いわゆる「一世一元」が制度化され「元号」が公称となったからである。

しかし、それ以前は天皇一代の間に何度も改元が行われてきた。幕末の孝明天皇朝（在位二十年弱）には、「嘉永」から「慶応」まで六回も改元され、途中の「万延」と「元治」など一年ほどしか続いていない。これでは煩雑になり混乱も生じかねない。

そのような改元の在り方には、かなり早くから批判があった。たとえば、山崎闇斎は、延宝五年（一六七七）刊『本朝改元考』に、年号文字の詮索を「閑議論なり……議者の誣なり」と論評し、また新井白石も「正徳」年号論争（一七一二）の際、「天下の治乱、人寿の長短のごとき……いかんぞ年号の字によりて祥と不祥とあるべきや」（『折焚く柴の記』）と反論している。

その批判をさらに徹底した学者が、まもなく現れる。一人は大坂町人の私塾「懐徳堂」で学主を務めていた中井竹山（積善）であり、もう一人は水戸の「彰考館」で『大日本史』の編纂にも貢献した藤田幽谷（一正）である。

まず竹山（五十九歳）は、天明八年（一七八八）に老中松平定信から「何事によらず進言すべし」との内命を受け、主要な建策を『草茅危言』（民間人の率直な意見）全五巻に纏めて提出したが、その巻の一「年号」で次のように主張している。

> 我邦は李唐（中国）の制を取て、大化白雉を始め、大宝以来今に連綿たり。……千有余年の間、改元ありてさして吉もなく、改元なくてさらに凶もなし。一代数号の時も、一代一号の時も亦同じ。禨祥の妄、圧勝の誕たること、識者に非ずとも、明かに知べきことなり。何ぶん是は明清の法に従ひ、一代一号と定めたき御事なり

すなわち、わが国では、大化・大宝以来すでに千有余年間、しばしば改元されてきた（「天明」が二百三十一番目、一号平均四・七年余）。しかし、それで吉凶が左右されたわけではないから、雑多な理由の改元は妄誕にすぎず、今後はすでに明朝も清朝も実施してい

る方法の「一代一号」を採用するのがよい、というのである。

一方、水戸の幽谷（十八歳）は、寛政三年（一七九一）の十一月、「建元論」と「正名論」を書いている。後者は国体（国柄）・君臣の名分を正す必要を論じ、幕政批判にも及ぶが、前者も年号・改元の在り方を次のように論じている。


それ皇朝、孝徳帝、肇めて大化の号を建て、今に至りて一千有余歳、その間、或いは祥瑞を以て年を名づけ、災異に因りて元を改むるは、殆ど二百に過ぐ。……革命は乃ち湯武（殷朝を建てた湯王と周朝を建てた武王）天に順ひ人に応ずるの事、万古一姓の邦（日本）に施す所に非ず。而して讖緯（辛酉革命・甲子革令の説）の誕妄、又何ぞ言ふに足らんや。かつそれ祥瑞は恃むに足らざるなり。災異は固より畏るべきも、……徳を修め以てこれに勝つのみ、亦何ぞ元を改めんや。

明氏の国を建つるや、世を累ねて相承け、即位の踰年（翌年）に元を改め、終身に易へず。それ一統慎始の義に於て、これを両得と謂ふべし。……則ち百世に遵守すと雖も可なり。

すなわち、わが国は大化から今日まで一千有余年間、祥瑞や災異による改元が二百回を越している。しかも、「革命」というのは、中国のように王朝交替することである。従って「万古一姓」の日本では讖緯説による革命・革令の改元など論外であり、祥瑞・災異の改元も恃むに足りない。そこで、明国のように、即位の翌年に改元して終身（在位中）変えないこと（一代一号）こそ「一統、慎始」（人心を一つに統合することと慎んで治世を始めること）の両方にかなう、というのである。

このように、一方は大坂の長老、他方は水戸の若者により相前後して書かれたもので、両者に交流はないが、見解は極めてよく似ている。その背景として注意されるのは、中国の年号が既に明初の「洪武（こうぶ）」（一三六八）からほぼ一帝一号（十九帝に二十一号）となり、清朝も「康熙（こうき）」（一六六二）から完全に一帝一号となっていたことである。それゆえ、和漢の歴史にも近況にも精（くわ）しい儒学者の両者が、日本年号の純化（一種の合理化）に明・清の例を援用して、説得力が強められたのである。

それから少し後になるが、尾張の国学者、石原正明著『年々随筆』にも、豊後の儒学者、広瀬淡窓著『懐旧楼筆記』にも、明・清の「一帝一号」を「いみじき事」とか「我が国も何とぞその例に随はせられたきことなり」と記されている。

■2 岩倉具視の画期的な改元案

しかし、両者の意見が直ちに採用されたわけではない。中井竹山に意見を求め、また藤田幽谷の建白も見た可能性のある松平定信は、まもなく寛政五年（一七九三）老中の退任を余儀なくされているからである。

ただ、後者の「建元論」は、その後、意外な展開をとげる。実は幽谷の門人に近い加藤桜老が、文久三年（一八六三）から明治初年まで長州藩校の明倫館教授を務めていた関係もあって、幽谷の嫡男東湖の娘清子を妻に迎えた津和野藩出身の宮崎幸麿（大国隆正の門人）は、明治二十四年（一八九一）発行の雑誌「如蘭社話」に次のごとく記している。

「御一世一元」の制を定められしは、廟堂（朝廷）の大議に決せし者なるべけれども、また学者の意見をも採用せられしは疑なき事なり。余、さきに加藤桜老翁が、当時そのすぢの人に出したる意見書を見し事あり。そは藤田一正翁の『建元論』を引きて、いたく一世数号の不可なるよしを弁へられたる者なりき。これら必ず参考の一とはなりし者なるべし。

この桜老が提出した「意見書」は、まだ所在が確認できないが、「そのすぢの人」とは、長州藩出身の要人（木戸孝允あたり）か、幸麿が師事した大国隆正の影響を受けた岩倉具視か、津和野藩出身の福羽美静あたりが考えられる。

その関連はともあれ、「一世一元」の公式採用を実現したのは、岩倉具視にほかならない。慶応三年（一八六七）から朝政に復帰した岩倉（四十二歳）は、「王政復古の大号令」を発した新政府で議定兼輔相となり、翌四年の三月十四日「五箇条の御誓文」が出された後、前年正月に践祚された明治天皇の即位式を八月二十七日に実施するに先立ち、議定や参与に書状で次のごとく意見を求めている（『岩倉具視関係文書』）。

㋑ 御即位の御大礼、済まし為され候後、改元の儀、もちろん先例の通りと存じ候へども、御大礼後直に行はれ候か、又は当年中にて然るべきか。

㋺ 但し、御一代御一号の制に決定せられ候ては如何、御賢考希ひ入り候。又、年号の文字、然るべきもの二三号ばかり御撰択にて、賢所に於て臨時御祭典を為し行はれ、聖上（天皇）親しく神意に伺ひ為され候ひて然るべきか。いはゆる祭政一致の御趣意にて、これらの儀は鄭重に遊ばされ方と存じ候。

すなわち、まず㋑改元の時期は、即位直後とするか、年内ならいつでもよいかと尋ねる。ただ㋺この機会に「御一代御一号の制に決定」して、その選び方も複数の候補案から天皇御自身が賢所で神意を伺って定められるなら「祭政一致の御趣意」に適うことになる、というのである。

このように斬新な改革案は、岩倉自身が考え出したにせよ、周辺に助言者か同調者もいたとみられる。その一人が福羽美静であろう。彼は津和野藩主亀井茲監(これみ)のもとで「御即位新式取調御用掛」を仰せつかり、いろいろ工夫して「御即位新式抄」を提出した。そのなかで「御即位式に継いで、年号改元の事、これまた御一代一度たるの儀」も提案している。

■3　天皇が籤で選ばれた「明治」

岩倉の建策は、議定・参与らの賛同をえた上で、天皇に上奏し裁可を賜り、実施されることになった。そのいきさつは、『岩倉公実記』中巻と松平慶永（春嶽）の『逸事史補』および『明治天皇紀』巻一に詳しく記されているので、三者をあわせて順に説明しよう。

まず岩倉は、古来「改元定の儀式」がすこぶる丁寧に行われてきたけれども、毎回多数の文字案に対する「難陳」（論難と陳弁）の討議をするのは「繁縟の流弊」として退けた。ただ、文字案は従来どおり慶応四年（一八六八）四月一日「菅原家の堂上方」（六家あり）が勘申者の宣下を受け、同二十六日に三家から各三案ほど「年号勘文」が出されている。

つぎに、それらの中から良案に絞ることを岩倉より依頼されたのは、議定の松平慶永である。彼の役割は「好き年号を選み、六号差し出す」ことであったが、結局三案（各家一号か）を選ぶと、直ちに参内して岩倉に差し出し、岩倉から天皇に奏上している。

そこで、九月七日の夜、明治天皇（十五歳）は「親しく内侍所（天照大神を祀る賢所）に謁し、御神楽を奏せしめたまひ、御拝あらせらる、すなはち御籤を抽き、年号の字〔明治〕を聖択したまふ」（『明治天皇紀』）に至った。このような年号の決め方は、前にも後にも例がない。

こうして勅定された「明治」は、式部大輔の唐橋在光が勘申した案の一つである。その出典は『周易』（易経）説卦伝に「聖人南面して天下を聴き、明に嚮ひて治む」とみえる。この章句を根川礫川氏は「臣下が中正を保って宜しきを得た天下泰平の易象である」と解しているが、成語の「明治」は文字どおり「明るく治まる」ことを意味しよう。ただ、文字案としては、すでに室町時代の「正長」（一四二八）、「長享」（一四八七）、「天文」（一五三二）および江戸時代の「安永」（一七七二）、「天和」（一六八一）、「正徳」（一七一一）、「元文」（一七三六）、「嘉永」（一八四八）、「文久」（一八六一）、「元治」（一八六四）の改元時にも有力な候補となり、ようやく十一回目に採用されたのである。

その改元詔書は、翌九月八日に仰せ出された。原漢文を書き下せば次のとおりである。

詔す、太乙（天帝）を体して位に登り、景命（天命）に膺りて元を改む。洵に聖代の典型にして、万世の標準なり。朕、否徳と雖も、幸い祖宗の霊に頼り、祇みて鴻緒（皇位）を承け、躬ら万機の政を親しくす。乃ち改元して海内の億兆と更始一新せんと欲す。それ慶応四年を改めて明治元年と為す。今より以後、旧制を革易して、一世一元、以て永式と為せ。主者（主要な担当者）施行せよ。

すなわち、皇位を継承して「万機の政」（あらゆる政務）を担うことになったので、改元して「海内の億兆」（国内の全日本人）と共に、原点から一新するために元号を「明治」と改め、これを機会に以後「一世一元」を「永式」とすることにした、というのである。

古来「詔書」は天皇の意向・方策を発表する最高級の公文書であるから、これによって「一世一元」を以後の原則と定められたことになろう。

　ちなみに、この詔書公布に先立ち、午前八時から、従来のような公卿による「改元定の儀」を行い、また「天下に大赦（最大の恩赦）」も行わしめられた。さらに改元詔書には、新政府の輔相岩倉具視以下四十二名だけでなく、従来の公卿としての立場から中務卿幟仁親王以下十六名も署名を加えている。

　その上で、九月十二日、当時の政府を代表する「行政官」から、「慶応四年を改めて明治元年と為す」と共に、「今より御一代一号に定められ」たことも全国へ布告され、また同十八日には在日外国公使にも通告されている。

　なお、上記の詔書やこの布告・通告は、新元号「明治」の通用開始が、改元当時の九月八日ではなく、慶応四年の正月一日（但し旧暦）に遡ることを意味すると解されている。

二　明治初頭の復古と革新

■1　王政復古と五箇条の新国是

こうして「明治」改元の機会に、年号の改元原則が純化され、「一世一元」の制が公式に採用された。それが百五十年後の今日まで受け継がれ、四十年前に制定された「元号法」により、今後も伝え続けられるのであるから、その歴史的意義は極めて大きい。

それが可能になったのは、まさに時代の転換期だったからである。歴史用語としての「明治維新」は、Meiji Revolution（明治革命）と訳されることが多いほどの大変革であったが、本質的には Meiji Restration（明治の王政復古）とか Meiji Reformation（明治の改革）と訳す方が真に近いと思われる。

この「維新」という漢語は、古代中国の『詩経』大雅（文王）に「周は旧邦と雖も、その命維れ新たなり」とみえ、ふつう政治体制の一新改革を意味する。それが明治維新の場合、大きな転換として慶応三年（一八六七）十月に、将軍徳川慶喜から「大政奉還」を上奏して、直ちに十五日（新暦十一月十日）、明治天皇より勅許されたことから始まる。鎌倉以来、天皇から「征夷大将軍」に任命され、天下の大政（内政・外交）の委任を受けてきた将軍みずから「政権を朝廷に返し奉」ったのであるから、決して「革命」ではない。

しかも、同年十二月には、主導権を握った岩倉具視のもとで、従来の幕府政治も摂関政治も廃止して、本来の「王政」に復古する「大号令」が出された。その中に「諸事、神武創業の始に原づき、搢紳・武弁・堂上・地下の別なく、至当の公議を竭し……尽忠報国の誠を以て奉公致すべき候事」とある。

これによれば、「神武創業の始」への原点に復帰する意気ごみをもち、上下身分の別なく一致協力して「至当の公議」を尽くす新しい在り方を目指している。それをさらに具体的な国是（国家の基本方針）として明示したものが、翌慶応四年三月十四日（新暦一八六八年四月六日）に公表された「五箇条の御誓文」にほかならない。

その五条にわたる本文は、よく知られているが、念のために重要な後文も含めて挙げれば左の通りである。

一、広く会議を興し、万機公論に決すべし。

一、上下心を一にして盛に経綸（国政）を行ふべし。
一、官武一途、庶民に至る迄 各 其志を遂げ、人心をして倦まざらしめん事を要す。
一、旧来の陋習を破り、天地の公道に基くべし。
一、智識を世界に求め、大に皇基（日本国家の基礎）を振起すべし。
我国未曾有の変革を為んとし、朕躬を以て衆に先んじ、天地神明に誓ひ、大に斯の国是を定め、万民保全の道を立んとす。衆亦此旨趣に基き、協心努力せよ。

すなわち、まず欧米流の立憲公議体制づくりを目標に掲げ、上下官民の別なく全国民が心を一つにして各々の志を遂げられるようにすること（前三条）、ついでそのためにも、旧来の良くない習慣を止め、世界に知識を求めていくこと（後二条）を端的に示している。

しかも、後文の勅旨において、このような前例のない「変革」をするには、天皇ご自身が一般の人々に先立って、天地神明に五箇条の国是を定め実行することを誓い、それによって「万民保全の道」（全国民が安心できる方途）を立てようとされている趣意に、理解と努力を求めておられる。

つまり、これは単なる国是の提示ではなく、その実現を天皇みずから神々に誓われた

「御誓文」なのである。しかも、天神地祇を臨時に祀った京都御所・紫宸殿の御神前で、御誓文を読みあげた三条実美（さねとみ）以下の要人たちが、次のような誓約書に各々自筆で署名している

> 勅意宏遠、誠に以て感銘に堪へず。今日の急務、永世の基礎、此他に出づべからず、臣等、謹んで叡旨を奉戴し、死を誓ひて黽勉（びんべん）（精励）事に従ひ、冀（こいねがわ）くは以て宸襟（天皇の御心）を安んじ奉らん

その署名者総数は、後日加署した人々を含めて七百六十数名にのぼっている（原本は京都御所東山御文庫所蔵。その写真版は宮内庁宮内公文書館で拝見や撮影が可能）。その決意が画期的な「維新」の成功を可能にした、といっても過言ではないと思われる。

■2　皇紀（神武天皇紀元）の公用

このような復古と革新の方針に基づく改革の一つが、前述のような「明治」改元に際して「一世一元の制」を公式に採用したことだといえよう。ただわが国には古くから年号以

外に、もう一つの紀年法がある。神武天皇の即位されたという年を元年として一続きに数える方法で、略して「神武紀元」とか「皇紀」とも称する。

『日本書紀』などによれば、神武天皇（ハツクニシラススメラミコト）は、九州から畿内に東征し、「磐余」（今の奈良県橿原市から桜井市あたり）一帯で基盤を築かれた。やがて「宝位（皇位）に臨み、元元（人々）を鎮め」「六合（大和地域）を兼ねて都を開き、八紘（大八州）を掩ひて宇（国家）と為さん」という趣旨の「令」で決意を表明したあと、「辛酉の年春正月庚辰朔、天皇（始馭天下之天皇）、橿原の宮に即帝位」したので、「この歳を天皇元年と為」された、と記されている。

この即位年とされる「辛酉の年」を西暦に置き換えればBC六六〇年となる。しかし、これは古代中国から伝来した讖緯説（数理予言説）に基づき、六十年ごとの「辛酉年」でも特に「大変革命」の年があり、わが国では推古天皇九年（六〇一）より千二百六十年（六十年の二十一倍）前に「大変革命」が起きたにちがいないとみなし、逆算して設定されたものである。

従って、神武天皇が実在されたとしても、その実年代は西暦一世紀（弥生時代中期末ころ）以前に遡ることは難しく、この「辛酉年」から推定することはできない。ただ、現存最古の勅撰正史『日本書紀』（七二〇年撰進）の記事として尊重し、そこから一続きに年数を数える皇紀には、それなりに意義がある。

　そこで、その使用例を調べてみると、鎌倉初期の『愚管抄』や南北朝期の『神皇正統記』などが「神武（天皇）より何年」と記している。また文運の盛んな江戸時代になると、皇紀を記載した文書や著書が多い。

　とくに天保十一年（一八四〇）が皇紀の二五〇〇年にあたるところから、水戸の藤田東湖（幽谷の嫡男）は、漢詩で「鳳暦二千五百年の春……便ち（すなわ）これ橿原即位の辰（とき）」と詠み、津和野藩出身の国学者大国隆正は「神武天皇を本として、中興紀元二千五百年といふ紀年をたてまほしくおもふ」と『本学挙要』に述べている。

　その後、慶応三年（一八六七）には「神武創業の始めに原き（もとづ）」との大号令が出されたこともあって、皇紀への関心が一段と高まっている。

　たとえば、津山藩出身で洋学者の津田真道（一八二九～一九〇三）は、幕末にオランダへ留学して帰国後の明治二年（一八六九）二月、「年号を廃し一元を建つべきの議」を奉り、「御一新の秋（とき）を好機会として、橿原の聖地に御即位の年を以て元を建て、百万世これを用ゐるたまはば、紀伝歳月も明亮ならん」との理由をあげ、一世一元でも一代ごとに改元される年号を止め、西暦のように続く神武天皇紀元の公式採用を公議所に提案している。

■3　新暦（太陽暦）の採用と紀元節

もちろん、さりとて年号＝元号を廃止するような動きはみられなくなり、むしろ、一方で神武天皇紀元の公用化が進められた。しかも、それは新暦の採用とセットになっている。漢字の「暦」（正字「曆」）は、語源の解釈に諸説あるが、稲など禾本科の植物が日々生育する過程を数えて記録したことに由来するという。それを大和言葉で「コヨミ」と訓むのは「日読み」の転だといわれている。

その暦は、天体（日・月）の運行を計測して、年・月のサイクルを表示するため、およそ三種類の形ができた。一つは太陰暦、もう一つは太陽暦、いま一つは太陰太陽暦である。このうち太陰太陽暦（陰陽暦）は、太陰の一月を基本としてその十二カ月を一年としながら（大と小の月を適宜配置）、太陽の一年とのズレを調整するため、十九年に七回（三年弱で一回）一カ月を閏月として加え、一年を十三カ月とする。この暦法が明治初年に至るまで公用されてきたのである。

しかし、ヨーロッパでは早くから太陽暦が出来あがり、一五八二年、ローマ教皇グレゴリウス十三世の制定した「グレゴリオ暦」は、ほぼ四年ごとに一日を加えて一年三百六十六日の閏年（うるうどし）を設けるなどして正確なものとなったので、これがキリスト教と共に世界の各地に広まったのである。

わが国には、それが十六世紀後半に宣教師によりもたらされたが、一部のキリシタン信徒にしか広まらず、やがて禁教令により使用できなくなった。しかし、幕末に鎖国が廃止されると、幕府の天文方（渋川景佑ら）が『万国普通暦』（日本の陰陽暦と欧米の太陽暦の対照暦）を出版している。さらに、明治初年に禁教令も解除して、今後は欧米の基準にあわせるため、太陽暦を採用することになった。

具体的には、明治五年（一八七二）の十二月を二日で打ち切り、翌日を新暦（グレゴリオ暦）で翌六年一月一日としたのである。しかも、それに先立って（十一月十五日）、次のような「太政官布告」が公表されている。

今般、太陽暦御頒行、神武天皇御即位を以て紀元と定められ候に付き、その旨を告げ為され候すなわち、わが国で古代から公用されてきた陰陽暦（以後「旧暦」という）を廃して、これ以後は「太陽暦」（以後「新暦」という）を公式に採択して施行することになった。しかも、その機会に、「神武天皇御即位」元年（新暦で換算してBC六六〇年）を起点とする「紀元」が公式の紀年法として公布されたのである。

さらに、翌六年（一八七三）一月、従来の五節供（句）を廃し（民間の行事としては自由）、新たに神武天皇の即位日（のち「紀元節」と称する新暦の二月十一日）と今上陛下の誕生日（「天長節」と称する新暦の十一月三日）を国家の「祝日」と定め、布告している。

このように維新政府は、一方で古来の年号を「一世一元」として純化し、以後「元号」を公称とすると共に、他方で西暦（キリスト生誕紀元）に類する一続きの（改元しない）紀年法として「神武天皇即位紀元」（皇紀）の公用を、暦の変更（旧暦から新暦）と併せて決定し施行したのである。

そこで、たとえば明治三十一年（一八九八）五月に「閏年」の算定法を決めた勅令では、「神武天皇即位紀元年数の四を以て整除し得べき年を閏年とす。但し紀元年数より六百六十を減じて（西暦元年）百を以て整除し得べきものの中、更に四を以て商を整除し得ざる年は平年とす」と定められている。

この勅令は今なお有効だとみられるから、日本における公的紀年法は、元号と皇紀を併用していることになろう。もちろん、便宜的に西暦を使うことは自由である。

三　皇室典範と登極令の「元号」

■1　皇室典範で確立した「一世一元」

前述のとおり、「一世一元」は「明治」改元の際に出された「行政官布告」に今後の「永式」と明記されたから、この段階で成立したとみてよい。しかしながら、それは原則が示されたのみで、改元の具体的な時期や方法などは決められていない。この「一世一元」は、天皇の代替りと不離一体の重大事であるから、あらためて皇位継承事項の一環として整備されてゆく。

明治の新政府は、「五箇条の御誓文」を国是として出発し、特に第一条に掲げた「公議政体」を実現するため、憲法の制定と議会の開設に向けて動き出した。その憲法は、初め元老院において起草され、明治十年（一八七七）前後に「国憲按（あん）」が一次・二次・三次にわたり作成された。それは後の帝国憲法と皇室典範を一体的に盛り込んでいる。

しかし、それには元号の規定がなく、「国憲按」自体に対して、政府の最有力者だった右大臣岩倉具視から根本的な異議が出された。明治十四年の「大綱領」によれば、「帝位継承法は、祖宗以来の遺範あり、別に皇室の憲則に載せられ、帝国の憲法に記載は要せざること」として、皇室（聖域）の典則は帝国の（世俗）憲法と別々に制定すべきだ、というのである。これは、ヨーロッパに留学してベルギーの王室法などに明るく、また日本古来の皇室制度にも精しい井上毅の意見に基づいている。

そこで、「国憲按」は棚上げにされ、まもなく没した岩倉の遺志を継いだ伊藤博文を中心にして、一方で「帝国憲法」の起草が進められ、他方で宮内省により同十八年「皇室制規」（翌十九年「帝室典則」と修正）の草案が作られた。しかも、同二十年初めより、後者を参考にしながら柳原前光の作成した「皇室典範」の草案が議論の基本に据えられた。

それは、全体で十一章（四十九条）から成る。その第一章「皇位継承」は、従来の「皇室制規」や「帝室典則」をふまえて十三条にまとめられ、続く第二章「尊号践祚」に、新しく元号と即位礼・大嘗祭などの規定が設けられている。

この柳原草案は、同二十年三月、総理大臣兼宮内大臣の伊藤博文（四十五歳）が、高輪の別邸に臨時帝室制度取調局委員長の柳原前光（三十六歳）と宮内省図書頭の井上毅（四十三歳）を招き、三者が一条ずつ討議しながら修正を加え、伊藤により裁定が下された。

その伊藤裁定案を受理された明治天皇（三十四歳）は、これを「皇室典範」原案として翌二十一年五月、枢密院に諮詢（意見を求めること）された。

枢密院の会議は、それから一カ月余り天皇臨席のもとで熱心に行われ、草案の全文に厳密な検討を加え、全十二章六十二条にまとめあげて、天皇に奉呈した。それが翌二十二年（一八八九）二月十一日、「大日本帝国憲法」と共に制定された。ただ、国家・国民のための憲法は、全大臣の副署を加えて公布されたが、基本的に皇室の家法である典範は、臣下の副署を加えず、公布を要しないものとして公表されている。

この欽定（天皇の意思により制定された）「皇室典範」の第二章「践祚即位」は、次の三条から成る。

① 第十条　天皇崩ずるときは、皇嗣即ち践祚し、祖宗の神器を承く。
② 第十一条　即位の礼及び大嘗祭は、京都に於て之を行ふ。
③ 第十二条　践祚の後元号を建て、一世の間に再び改めざること、明治元年の定制に従ふ。

このうち、まず①は、戦後の「皇室典範」第四条に「天皇が崩じたときは、皇嗣が、直ちに即位する」という表現により引き継がれている（ただ「践祚」という用語が「即位」に替り、「祖宗の神器を承く」という大切な要件が省かれている）から、皇位の継承が発生するのは「崩御」にのみ起因する。それが今回（平成の代替り）においては、原則を残したまま、例外として御高齢による退位＝譲位を起因とする「特例法」が作られたのである（詳しくは後述する）。

ついで②は、明治天皇が東京へ遷られてから急に衰え始めた京都の行末を心配され、「将来の即位礼・大嘗祭などは千百年近い実績のある京都で行うように」との叡慮を示されたものである。これによって、大正天皇と昭和天皇の即位礼・大嘗祭は、京都で執り行われている。

さらに③は、まさに「明治元年の定制」を承けて「一世一元」の原則を明文化したものである。しかし、具体的に考えれば、「践祚の後」というのは、践祚の直後なのか、それとも明治天皇の場合、践祚より一年九カ月後の改元であったから、それでもよいのか（むしろ踰年改元の慣例に従えば、践祚の翌年がよいのか）、いろいろに解釈されて混乱も生じかねない。

■2　登極令で示された改元方法

そこで、典範の制定から十年後の明治三十二年（一八九九）八月、伊藤博文を総裁とする「帝室制度調査局」が設けられ、典範に伴う諸事項の実施細則を作ることになった。それに最も熱心に取り組んだのが、同三十六年から副総裁となった伊東巳代治（一八五七〜一九三四）である。

伊東は学者らの協力をえて、全体像を『皇室弁』にまとめた上で、その方針に基づいて諸規則の起草分担を決め、起草を督励した。その甲斐あって、皇室関係法令案が四十件以上（法律案三件、勅令案四件、皇室令案三十五件）作成されている。

そのうち、最も重要な皇室令の第一号が、明治四十二年（一九〇九）二月十一日に勅定公布された「登極令」である。登極とは極位＝至高の皇位に登ること（践祚・即位と同義）であるが、ここには皇位継承に伴う一連の諸儀式が、詳細な附式まで加えて定められている。この中に左の規定がある。

㋑ 第二条　天皇践祚の後は、直ちに元号を改む。

㋺　元号は、枢密顧問に諮詢（しじゅん）したる後、之を勅定す。

㋩　第三条　元号は、詔書を以て之を公布す。

すなわち、まず㋑では、前帝の崩御により皇嗣が践祚されたら、その直後に元号を改めなければならない、という改元の時期が明示されたことになる。この「直ちに」というのは、践祚の日のうちと解されている。

また㋺では、改元の方法として、往時のような公卿による難陳論議と一見似ているが、天皇から諮詢を受けた枢密顧問官の審議を経て「勅定」（裁可）されることになったのである。さらに㋩では、勅定された新元号の公布方法も、古式と同様、天皇の出される文書として最高の「詔書」によることが明確にされたのである。

これによって、元号は天皇の在位期間と完全に一致する「一世一元」となり、またそれが天皇から相談を受ける枢密院の会議をへて勅定され、さらにその新元号が従来どおり詔書によって公布されることも、明確に法制化されることとなった。

この典範と「登極令」のもつ歴史的な意義は、八世紀初頭「大宝令」に年号公用の規定が設けられたことに優るとも劣らない。

四 「大正」と「昭和」の改元

■1 「大正」改元の実情

歴代天皇で「大帝」と称されるほどの方は少くないが、その筆頭は明治天皇であろうか。幕末の激動期に生まれ、数え十六歳で践祚されてから四十数年、近代化する日本のトップリーダーとして果たされた役割は、極めて大きい。

しかし、その明治大帝（Meiji the Great）も、晩年に至って糖尿病が進行し、数えの六十一歳（満五十九歳九カ月）で崩御された。宮内庁編『明治天皇紀』第十二（吉川弘文館）の明治四十五年（一九一二）七月三十日条に「午前零時四十三分、心臓麻痺に因り崩御したまふ」とある。

ところが、平成二十六年（二〇一四）に完成した宮内庁編『昭和天皇実録』第一（東京書籍）では、明治四十五年七月の二十九日条に「午後十時四十三分、天皇崩御す」と明記されており、二時間早くなっている。これは何故かといえば、「改元」を含む皇位継承に関する「皇室典範」と「登極令」の規定に起因する。

前述のとおり、典範では「天皇崩ずるときは、皇嗣即ち践祚し……」と決められ、また「登極令」で「天皇践祚の後は、直ちに元号を改む」と定められている。この「即ち」は即座に（寸秒の間も無く）、また「直ちに」は直後（崩御・践祚と同日のうち）と解される。

そこで、当時の実情をみると、天皇は七月十一日、東京帝国大学の卒業式に臨席されたころから体調すぐれられず、二十八日には危篤状態に陥られ、翌日夜十時半すぎ、美子（昭憲）皇后などの見守るなか、静かに息を引きとられた。

しかし、あと一時間十数分では践祚の儀を行うことも改元の手続きもとれないため、崩御時刻を二時間遅らせたのである。従来も天皇や将軍などが急に亡くなると、「しばらく喪を秘す」ということは珍しくなかったから、当然そうせざるをえなかったのであろう。

ただ、政府関係者としては、万一の場合に備えて秘かに改元の準備をしなければならない。それゆえ二十八日、時の総理大臣西園寺公望（六十二歳）は、「預め事を議するは非礼に属すと雖も、忽卒の際失錯あらむことを恐れ、旨を承けて元号勘進の内案を作成せし」めている。

それを承けて、直ちに学習院教授の岡田正之から「乾徳」、また宮内省図書助の高島張輔から「永安」という文字案が勘申された。けれども、博識の西園寺首相が、「乾徳」は中国の宋で年号として使われ、また「永安」は蜀で宮殿名として用いられている、と指摘したので、両方とも却下された。

すると翌二十九日、内大臣秘書官長の股野琢から「昭徳」、また内閣書記官長室嘱託の国府種徳から「天興」という案が勘申された。けれども、西園寺首相が、「昭徳」は唐に昭徳王后という名称があり、また「天興」は拓跋氏の年号として史料にみえると指摘したので、再度却下された。

そこで同日、国府嘱託から「大正」という新しい案が出され、加えて宮内省御用掛の多田好問から「興化」という案も勘申されている。

やがて、崩御の公表された七月三十日の朝、皇太子嘉仁親王が「剣璽渡御」（皇位と常に一体であるべき宝剣と神璽〈勾玉〉を受け継ぐこと）の儀式により第百二十三代の天皇として践祚されると、その直後に「元号建定の詔書案・元号案」について枢密院へ諮詢された。それに対して西園寺首相から、「大正」を第一案、「天興」を第二案、「興化」を第三案として枢密院へ提出されたのである。

すると、枢密院の全員審査委員会と本会議（枢密顧問官二十五名、陪席の国務大臣十名、法制局長官・書記官長など五名、合計四十名）において、「（古来の）難陳と同一なる難問・講究を重ね」た。そして「大正と為すことに……全会一致を以て可決」されたので、夕方五時半すぎ、議長の山縣有朋が次のごとく上奏している。

臣等、元号建定の件、諮詢の命を恪み、本月三十日を以て審議を尽し、元号を大正と改められて然るべし、と議決せり。乃ち謹んで上奏し、更に　聖明の採択を仰ぐ。

これを受理された新帝（大正天皇）は、議決どおりに新年号を「大正」と勅定され、直ちに次のような改元詔書を公布しておられる。

朕、菲徳を以て大統を承け、祖宗の霊に誥げて万機の政を行ふ。茲に先帝（明治天皇）の定制（「登極令」）に遵ひ、明治四十五年七月三十日以後を改めて大正元年と為す。主者施行せよ。

この改元詔書は、閣僚（総理大臣と全国務大臣）が副署を加えて、官報に登載され、即日施行された。その際、新元号の読み方についても、「内閣告示」第一号により「大正（タイシヤウ）」と公表されている。（タイは漢音、シャウは呉音）。

このような手続きを踏んだのは、美濃部達吉博士も『憲法撮要』に「元号を建つるは事直接に国民の生活に関し、性質上純然たる国務に属することは勿論にして、固（もと）より単純なる皇室の内事に非ず」と解されているとおりだからである。

■2　天皇の追号と元号の境目

この「大正」年号は、前述のとおり内閣嘱託で宮内省御用掛も務めた漢詩人の国府種徳が、再度勘申した文字案のひとつである（江戸前期「貞享」改元の際にも菅原長量により勘申されたことがある）。その出典は『周易』（易経）の彖（たん）伝上に「大いに亨（とお）り、以て正しきは天の道なり」（別の読み下し方もある）とみえる。これについて『万朝報（よろずちょうほう）』八月一日号では、次のように論評している。

大正は、畢竟（ひっきょう）「正」の一字に帰し、上は以て下に向ひ、下は以て上に向ひ、上下一致して始めて「大亨以て天の道を正す」ことができる、といふ理想的な新年号だ。……

大正の新事業は、百姓・町人も亦これに加はらねばならぬ。あたかも二重橋外に明治（ママ）天皇の御本復を祈つた心で、先づ政（まつりごと）を正して、天皇を中心とせる民主（ママ）々義の政治を開かねばならぬ。……

これは後に〝大正デモクラシー〟と称される新時代の幕あけを予見しているかのようである。この文中で「民主々義」といっているのは、それが君主主義の対立概念と誤解されることを避けて、吉野作造すら大正三年（一九一四）ころから「民本主義」と言い換えているのに較べて、注目に値しよう。

さらに、この時点（八月一日）の論説で「明治天皇」と記しているのは、厳しくいえば行き過ぎであるが、すでに私称されていたのかもしれない。宮内庁編『明治天皇紀』第十二によれば、崩御された天皇は、しばらく「大行（たいこう）天皇」（大いに行きたもうた先帝）と呼ばれ、八月二十一日に至り「明治」の追号が新天皇から奉られている。

これは、日本の年号史上、大きな意味をもつ出来事といえよう。天皇が時の年号により呼ばれた例は、平安初期から「延暦天子」（桓武天皇）・「大同帝」（平城天皇）・「弘仁皇帝」（嵯峨天皇）・「天長聖主」（淳和天皇）・「承和聖帝」（仁明天皇）など、決して少くない（帝国学士院編『帝室制度史』第六巻「称号」)。しかし、それらはいずれも便宜的な呼称であって公式の称号ではない。そこで、江戸後期に至り前述の中井竹山は『草茅危言』の中で、次のように提唱している。

明・清両朝は、年号を以て帝王を称し、洪武帝、永楽帝、順治帝、康熙帝など云例あり。是は諡号(生前の治績を称える贈り名)廟号(霊廟につける名)の外の仮称なれども、それを例として従がひ御一代中にて、長かりし年号、又は諡号に似合はしき年号を用て、諡号に奉つること、至簡至当の御事なるべし。

これは直ちに採用されなかった。しかしながら、併せて提唱した「一代一号」が、八十年後に「明治」改元の際「永式」とされ、しかもそれから四十五年目に「一世一元」の元号「明治」が公式の追号とされるに至った。その新例を先例として、それから十五年目に「大正」年号が、またそこから六十四年目に「昭和」年号が、それぞれ追号とされた。まさに一世一元の元号が当代天皇と不離一体のものとなり、永久に伝えられることになったのである。

ところで、「大正」の改元詔書には、前掲のごとく「明治四十五年七月三十日以後を改めて大正元年と為す」と記されている。それならば、七月の三十日は明治なのか、それとも大正なのか、あるいは三十日の何時何分が境目になるのだろうか。この点が実は必ずしもはっきりしていない。

たとえば、大正元年十二月、官吏懲戒処分免除の勅令を適用する際、海軍では「勅令第三十号に大正元年七月三十日前とあるは……七月二十九日迄の所為を指すものとす」と解釈し通達している。

これに対して美濃部達吉博士は「元号は天皇在位の称号にして、其終始は全く在位と相一致す。天皇崩御の瞬間は即ち元号終るの瞬間にして、同時に新元号の始まる瞬間なり」と説明している（『憲法撮要』「元号」）。

また芝葛盛氏は、新元号の改元詔書が公布される（七月三十日の夕方五時すぎ）までは旧年号を有効とみなしうるから、前天皇の崩御も新天皇の践祚も「旧年号を以て記載せらるべきものである」と主張している（『岩波講座日本歴史』別篇「皇室制度」）。

いずれも一理あるが、決定的ではない。改元翌日の午前零時から施行することによってこれを解決したのは、後述する「平成」改元の時である。

■3 「昭和」改元の真相

近代史上、従来あまり注目されず十分に評価もされてこなかったのが、大正天皇であり大正時代である。その要因は、天皇が明治十二年（一八七九）に誕生された時から病弱で、即位後十年目の大正十年（一九二一）、皇太子裕仁親王（二十歳）を「摂政」に立てるほかない状況となり、それから五年後に崩御され、「大正」が十五年目に終ってしまったからであろう。

しかし、近年では、皇太子時代の嘉仁親王が、健康を回復するため全国各地へ出かけられて果たされた役割や、漢詩にも和歌にも素晴しい作品を数多くのこされた実績などが研究され広く知られつつある。また「大正時代」という時期が、「明治時代」とも「昭和時代」とも異るユニークな意味をもち、「平成時代」の先駆けとみるむきも少くない。

とはいえ、病状の進んだ天皇は、葉山の御用邸などで静養に努められたが、大正十五年（一九二六）十二月二十五日の午前一時二十五分、満四十七歳四カ月の生涯を閉じられた。そのような状況下、政府関係者は秘かに改元の準備を進めている。

すなわち、宮内庁編『昭和天皇実録』第四の昭和元年十二月二十五日条によれば、「これより先、大行（のち大正）天皇の御不予、大漸（重病）に渡らせられる中、宮内大臣一木喜徳郎は、万一不可諱（天皇の崩御）に遭遇した場合に備え……図書寮編修官吉田増蔵に、左の五項の範囲内において、慎重に元号を勘進すべきことを内命した」というが、その五項とは次の通りである。

①　元号は、本邦は固より言を俟たず、支那、朝鮮、南詔（雲南あたり）、交趾（ベトナムあたり）等の年号、其の帝王、后妃、人臣の諡号、名字等及宮殿、土地の名称等と重複せざるものなるべきこと。
②　元号は、国家の一大理想を表徴するに足るものなるべきこと。
③　元号は、古典に出処を有し、其の字面は雅馴にして、其の意義は深長なるべきこと。
④　元号は、称呼上、音調諧和を要すべきこと。
⑤　元号は、其の字画簡明平易なるべきこと。

この重要な任務を委ねられた吉田増蔵（号・学軒）は、たくさんの案を作ったが、最終的に第一「昭和」、第二「神化」、第三「元化」の三元号案を選定して、一木宮相に提出し、それが勘進第三案として作成された。勘進第三案について、内大臣の牧野伸顕と西園寺公望公爵の賛同を得て、内閣総理大臣の若槻礼次郎に移牒（送付）された。

しかも、これとは別に、若槻首相の方でも「万一に備え、内閣官房総務課事務嘱託の国府種徳（『大正』の勘申者）に内意を授け、元号の勘進を命じていた」から、国府も「立成」「定業」「光文」「章明」「協中」の五案を選んで提出している。

これで宮内省から吉田の三案、内閣から国府の五案をえた若槻首相は、あらためて内閣書記官長の塚本清治に慎重な精査をさせた。その上で「元号案即ち昭和を撰定し、参考として元化・同和の二案（いずれも吉田案）を添付する」ことになった。その際、「元号建定の詔書案」も吉田に起草を委嘱し、それに精査を加え決定している。

こうした万全の準備が整えられて間もなく、十二月二十五日早朝、践祚された新天皇から「元号建定の件」と「詔書案」について枢密院に諮詢された。そこで、午前七時前から開かれた全員審査委員会と本会議において協議した。

その結果、「元号案は全会一致を以て可決され」たが、詔書案には少し修正が加えられて、両方の「奉答書が内閣に下付」された。すると、内閣において「奉答のとおり公布すること」が閣議決定された。そこで、九時半ころ参内した若槻首相が「元号建定の件につき上奏」すると、それを新天皇が裁可され、詔書に署名された。その詔書は全大臣が副署を加え、「直ちに官報号外を以て公布され」るに至った。全文は次の通りである。

朕、皇祖皇宗の威霊に頼り、大統を承け万機を総ぶ。茲に定制に遵ひ、元号を建て大正十五年十二月二十五日以後を改めて昭和元年と為す。
御名（裕仁）　御璽　大正十五年十二月二十五日

この「昭和」元号は、「セウワ」と両字とも呉音で訓むことが「内閣告示」第一号により伝えられた。また、その出典は、『尚書』（書経）堯典で、「克明俊徳、以親九族、九族既睦、平章百姓、百姓昭明、協和万邦、黎民於変時雍」とある途中の八字は、「百姓」（あらゆる人々）が「昭明」（心安らか）になり「万邦」（あらゆる国々）と「協和」（協調和合）する、という意味に解される。その「昭」と「和」を合せた新元号については、『時事新報』の昭和二年元日号が、次のように論評している。

青年の天子、新たに大統を継いで、庶政更に新たに新たなるを拝するは、新日本新興の生気、おのづから鬱勃（意気盛ん）たるものあるを感ずる。
「昭和」の元号の象徴する新治世の理想は、光明平和の新時代にして、新帝の御代第一春は、即ち国民的新理想に向つて進むべき新年を迎へたものといはねばならぬ。

確かに「昭和」という新元号は、みんなが明るく誰とも仲良く、という新しい御代の理想を掲げたことになろう。それが若い昭和天皇の理想と決意にほかならないことは、昭和三年（一九二八）十一月十日、京都御所の紫宸殿において行われた即位礼で読みあげられた、次のような勅語（『昭和大礼記録』所収）にも表明されている。

朕、内は則ち教化を醇厚にし、愈民心の和会を致し、益国運の隆昌を進めむことを念ひ、外は則ち国交を親善にし、永く世界の平和を保ち、普く人類の福祉を益さむことを冀ふ。

この「昭和」年号は、戦前の二十年だけで終わらず、戦後も四十四年目まで続き、日本史上最長の元号となった。その意味は大きい。

コラム　「自由自治元年」と「征露二年」

明治の初めから続けられてきた西洋の先進国をモデルとする日本的な法治体制づくりは、約二十年かけて、帝国憲法と皇室典範を制定し、さらに二十年余りかけて憲法に伴う民法・刑法などや、典範に伴う皇室令などを整備することによって、おおよそ完成されたことになる。それは政府主導で進められたが、その成果は欧米にひけをとらない、アジアでは最先端の成文法と高く評価されている。

しかし、その過程で、政府に様々な不満をもつ人々が色々な方法でレジスタンスを示した。そのひとつが公年号に異を唱え、いわゆる私年号を作り使うことである。

たとえば、すでに慶応四年（一八六八）五月、いわゆる戊辰戦争の最中に、新政府軍と戦った奥羽越列藩同盟で「延寿」という私年号が使われたという（『中外新聞』）。また、明治十七年（一八八四）、埼玉県秩父地方では自由民権運動に取り組む自由党員と不況に苦しむ農民等が手を結んで「秩父困民党」を作り、郡役所におしかけて高利貸への説諭などを要求したけれども、それが聴き容れられないので、十一月初め武力蜂起に踏み切った。その時、「参謀長」の菊池貫平らが、郡役所を「革命本部」として、次のような布告を出したという（井出孫六編『自由自治元年―秩父事件資料・論文と解説』）。

今より郡中の政則を出すこと、大将の権に在り。各々その意を体せよ。

自由自治元年十一月二日　　革命軍総理　田代栄助

ただ、この騒動は数日で鎮圧されてしまったから、「自由自治元年」という私年号は、ほとんど使われず忘れ去られたようである。

これに対して、政府を批判するのではなく、むしろ国策を鼓舞するような私年号もみられる。明治三十七年（一九〇四）二月に始まり、翌年九月に講和の成立した日露戦争において、日本軍は大国ロシアを相手にしながら、黄海・蔚山沖の海戦、遼陽・沙河・旅順・奉天などの会戦で辛うじて勝ち、日本海海戦でもロシア艦隊を奇跡的に全滅させた。

その戦況が新聞のニュースなどで伝わると、国民の大多数は沸き立ち、〝征露〟という用語が流行した。その頃の実情については東大教授の国史学者・萩野由之氏の随筆「征露二年」（同『読史の趣味』所収）に詳しい。

それによれば、開戦した明治三十七年の年末ころには「征露」という表現が出来ていたから、翌年早々の年賀葉書などに「征露二年元旦」などと書かれ、やがて東京市長主催の祝勝会の際にも「征露二年」という表現が用いられたという。また久保常晴氏によれば、栃木県小山市にある天翁院の縁台に「征露第二年、時に明治参拾八年弐月、（片柳）久雄の凱戦紀念のために新調す」と墨書したものが紹介されている。

「征露二年」と書かれた年賀状

ただ、萩野教授は「平和克復後における征露の文字は、露国人の感情上決して愉快にはおもはぬであろうし、「年号に類似するものとすれば即（すなわち）偽年号の嫌ひを生ずる」と冷静に批判されている。

明治という時代には、政府主導の富国強兵策に国民の多くが命懸けで協力し、大国の清やロシア相手の大戦にも勝利して〝征露〟という私年号まで流行した一方で、それを行き過ぎと諫（いさ）める識者もいたのである。

コラム　吉田増蔵と森本角蔵の偉業

奈良女子高等師範学校教授であった吉田増蔵（号・学軒）は大正九年（一九二〇）、図書頭森林太郎（鷗外）の招請を受けて、図書寮編修官となった。鷗外はその頃、歴代天皇の諡号や元号の出典調査を行なっており、研究成果はのちに鷗外の晩年の研究成果『帝諡考』『元号考』となって結実する。吉田は鷗外没後、その補訂を行っている。

ついで大正十年十二月、吉田は元号案勘申の内令を受けて、新年号の撰進に従事することになる。彼は多くの典籍を渉猟し、「神化」「元化」「昭和」「神和」「同和」「継明」「順明」「明保」「寛安」「元安」を選び、勘申第一案を作成し、宮内大臣一木喜徳郎に提出した。一木宮相は第一案について吉田に綿密に諮問し、なお研究する事を命じている。そこで吉田は第二案として、「昭和」「神和」「神化」「元化」「同和」を選んだ。この提出を受けた宮相は更に慎重に検討を行い、「昭和」「神化」「元化」を選び、吉田に第三案の提出を命じている。最終的にこの中から「昭和」が選ばれることとなった（『昭和天皇実録』）。

ただ、これに先立ち、吉田はより多くの年号案を考案していたようである。猪瀬直樹氏は七十近い案が三十一に絞られたとする（『天皇の影法師』）。また、藤樫準二氏は、吉田が提出した四十三案を以下のように示している。なお、「昭和」「神和」のみフリガナが付されていたという（『千代田城―宮廷記者四十年の記録―』）。

大造・大応・順応・昭和・神和・恵和・敬和・同和・敦和・休和・洽和・感和・神化・観化・敦化・景化・興化・純化・皇化・久化・元長・昭大・亨正・応正・化光・天光・大光・通同・明保・天休・安久・久中・咸中・天道・知臨・咸臨・昭徳・化成・光享・通明・平明・大貞・元安

鷗外の著作を吉田が補訂した『元号考』と共に、年号研究に不可欠の書として特筆すべきは、森本角蔵の労作『日本年号大観』である。その内容は以下の通り。

第一編序説（年号の起源／改元の理由／改元次第）、第二編本論（年号勘文奏進者／年号引文の典拠／年号引文の内容／年号の文字／年号とその時代）、第三編資料

（年号表／日本年号要覧／日本年号候補便覧／年号勘文奏進者一覧／奏進年号数による氏名配列一覧／年号勘文奏進者便覧／年号勘文奏進者系図／年号引文典籍要覧／日本年号引文の典拠による分類便覧／日本年号引文の典拠による分類一覧／採用年号引文の典籍時代分布明細表／採用年号引文典籍の時代分布一覧図表／日本年号引文内容分類表／日本年号使用文字とその使用度数一覧表／日本年号使用文字分類表／日本年号使用文字の音韻による分類表／日本年号使用文字とその使用度数一覧表／日本年号使用文字分類表／日本年号組立文字一覧図表／日本年号文字時代分布図表／日本年号文字時代分布表／日本年号の継続年数一覧表／日本年号の継続年数の多少による分類表／日本年号継続年数分類図表／日本年号の継続年数長短一覧図表／日本年号勘文奏進者菅原藤原二氏時代分布図表／改元の詔書）、第四編余録（年号に関する文献／年号の読方／補遺）

森本は東京高等師範学校の教授を務めた漢学者で、その業績には『四書索引』『五経索引』がある。これらの業績はその後の漢籍研究に資するところ多く、まさに「縁の下の力持ち」というべき内容で、『大観』も同様の性格を有している。

第七章　戦後史上の「元号問題」

昭和天皇（日本雑誌協会）

一　GHQ占領下の元号

■1　一変した戦後の皇室典範

本年（二〇一八）は「明治」改元（一八六八）から数えて満百五十年にあたる。そこで、「明治維新百五十年」という表現も多く見受けられる。

しかし、わが国はこの百五十年間、一本調子に進んできたわけではない。一般的な時代区分として、明治初年ころから大正時代を経て昭和二十年（一九四五）まで約八十年は「近代」と称され、同二十年代から今日まで約七十年は「現代」と称される。この「近代」と「現代」には、共通点も多いが、むしろ本質的な違いが少くない。

その大きな要因は、近代約八十年の間、何とか独立を保持してきた日本が、昭和二十年の敗戦を境として連合国軍に占領され、憲法まで変更するほかなくなり、その体制のまま約七十年後の今に至っているからである。もちろん、現行の日本国憲法は、明治以来の帝国憲法を改正するという形をとり、第一章を「天皇」とする点などの枠組みは変わりがない。しかし、条文の中味は著しく異っていることを、しっかり考え直す必要があろう。

ここで元号に関して問題になるのは、「皇室典範」の性格が一変したことである。新憲法は、昭和二十一年の二月、ＧＨＱ〈連合国軍最高司令官の総司令部〈General Headquarters の略称〉）から提示された英文の草稿に基づく政府案が、衆議院と貴族院で審議され、枢密院の議決を経て、十一月三日（当時の明治節）に公布された。

その第一条に「天皇は、日本国の象徴であり日本国民統合の象徴」と定められ、旧憲法のような「統治権の総攬者」ではなく、国家と国民全体の文化的・精神的なシンボルとなっている。ただ、続けて「この地位は、主権の存する日本国民の総意に基く」とあるが、この総意というのは時々の世論を越えた、昔も今も本質的に変わらない日本人の総体的な意思（Ｊ・Ｊ・ルソーのいう公共的な「一般意志」に類する）と解される。

その総意が何かといえば、第二条に定める「皇位は、世襲のもの」ということにほかならない。新憲法の基本原則は、「日本国民の自由と平等」であるから、身分も世襲も制度として認めないが、天皇（本家の内廷と分家の宮家）には例外的に認められている。従って、大和朝廷以来の皇統に属する皇族でなければ、皇位を世襲することはできない。

ただ、「皇位」の具体的な在り方は、続けて「国会の議決した皇室典範の定めるところにより、これを継承する」と決められている。これによって、明治以来の旧典範を旧憲法と並び立つ国家の根本法とする〝典憲体制〟が一変し、新しい皇室典範は新憲法下の一法律（もちろん皇室に関する特別な法律）とされたのである。

端的にいえば、天皇（皇室）は、「国権の最高機関」とされている国会の議決した法律（および「内閣の助言と承認」）に従って「皇位継承」（および「国事行為」）などをしなければならないことになったのである。これは、ＧＨＱ（特に民政局長ホイットニーなど）の強い要求によるものといわれている。

そこで、昭和二十一年の六月ころから、新憲法草案の審議と並行して、新しい皇室典範案の起草が進められ、十二月中に衆議院と貴族院で集中的に議論を重ねて可決した。そして翌二十二年一月に公布（五月から施行）されたのが、現行の皇室典範である。

■2　闇に消えた「元号法」案

しかし、その内容は「皇族の身位に関する規定に限り……国務的な事項は他の法制に俟（ま）つ」ことが臨時法制調査会で基本方針として起草されたから、国民生活に関係の深い元号（改元）の規定（旧典範の第十二条に相当する条文）は入っていない。

それでは、どうしたのかといえば、当時の政府（第一次吉田茂内閣）は、新憲法の公布直後、内閣法制局で単独の「元号法」案を起草している。その簡潔な法案の全文は、左の通りである。

① 皇位の継承があったときは、あらたに元号を定め、一世の間これを改めない。
② 元号は、政令でこれを定める。

附則

（イ）この法律は、日本国憲法施行の日から、これを施行する。
（ロ）現在の元号（昭和）は、この法律による元号とする。

しかも、当時はまだ新憲法の施行以前であるから、この法案は、十一月八日、閣議決定を経て、枢密院の審議に付す手続きがとられた。また国会論議に備えて「想定問答」まで作られている（国立国会図書館憲政資料室所蔵「佐藤達夫関係文書」所収）。その中に次のような問答がみえる。

問　日本特有の元号を定めたとする理由如何。

答　日本は天皇を国民統合の象徴と仰ぐ君主国である。従つて、天皇の御在位を時の記号にあらはして、一つの基準に供することは、国民とのつながりにおいて適切なことと考へる。此の点、（帝国）憲法が改正させられても変更する必要はないものと思ふ。

問　一世一元の原則を維持した理由如何。

答　一部には敗戦の結果元号も改めるのが適当との意見もあるが、敗戦と元号とは何等直接の関係はない。又、元号は天皇の御一代との関係に重点を置くものであるから、今回改めることも適当でないと思ふ。このことは、どの御一代についても言へることであるから、一世一元の制を採つた。

問　元号のことを皇室典範に規定しなかつた理由如何。

答　元号は天皇即位の時定めるのではあるが、純粋な国務事項であつて、専ら皇室関係のことを規定する皇室典範の規定とすることは、性質上適当ではない。従つて、別個の単行法とした。

問　西暦は使用しないのか。

答　西暦の使用は、禁止もしないし強制もしない。使用者の自由である。

まことに的確な見解をもっていたことがわかる。ただ、そのころはどのような法案でも国会へ上程するより前に、英訳文をGHQへ持参して交渉し承認をもらわなければならなかった。そこで、十一月十五日、法制局第一部長の井手成三が交渉に行ったところ、民政局員のドクター・ピークは、元号に理解を示し、逆に「西暦紀元をとることを強制すれば、宗教の自由に反することになる」と答えたので、安心して帰った。

ところが、まもなく民政局政治局長代理のケーディスから法制局次長の佐藤達夫のもとに「元号の制度は、年を数えるについての一つの権威として天皇を扱うことになり、新憲法のたてまえからいって好ましくない。昭和の元号を事実上（慣習的に）使うことには反対しないが、元号の法制化は承認できない。しいてやりたければ、占領が終ってから勝手に立法すればよい」との通告が届いた。

日本を占領した連合国軍は、日本の天皇も政府も統治下に置く絶対権力であったから、その政策を実行するGHQに「好ましくない」「承認できない」と言われたら、どれほど正当な主張でも引き下がらざるをえない。そのため、十一月十九日、せっかく準備された

「元号法」案は、やむなく枢密院から撤回する旨の閣議決定が行われ、国会に提出することができず、闇に葬られてしまったのである。

もちろん、さりとて当時の「昭和」元号まで否定されたわけではないから、それを慣習として公的な文書などに使うことは可能であった。また、旧典範の第十二条に相当する規定は新典範に入れられなかったが、前者の基をなす「明治元年の定制」まで無効となったのではない、と解することができる。

そこで、新典範案を審議した第九十一回の臨時帝国議会において（衆議院十二月六日、貴族院十八日）、国務大臣の金森徳次郎は、「明治元年の行政官布告がそのまま効力をもって居るが故に、これに準拠して（将来も）元号を定むべきものである」と答弁している。事実、これ以後も、この行政官布告が「年号は一世一元とす」という表題で『現行法令輯覧』などに収められている。

3　参議院での「元号」存廃論

こうして明治以来の一世一元制度は、辛うじて存続することが可能になった。しかし、まもなく昭和二十五年（一九五〇）早々、参議院文部委員会において、委員長の田中耕太郎が有志議員とはかり「元号に関する調査」を正式にとりあげ、熱心に集中審議を行っている。その「調査承認要求書」には、次のごとくみえる。

> 新憲法の制定後「元号」に関する法的基礎が不明確となつており且つ、新憲法の精神から見ても、一世一元の制が果して妥当であるかという問題についても研究の必要が生じて来た。又講和会議を控え将来我が国が国際社会の一員となるべき立場からも、この際文明諸国共通の年号計算（西暦）に従つてはどうかという問題が起つてくるというような見地から、元号に関する調査を行なつて、速かにその対策を講ずる。

これは単なる調査でなく、明らかに西暦への移行を意図した動きとみられる。現に二月末から三月上旬にかけて参議院の文部委員会へ招かれた参考人二十三名の内、十四名は、元号廃止・西暦採用論に賛成、八名は明言していない。けれども、毅然として元号擁護の意見を述べる有識者もいなかったわけではない。

たとえば、東京大学（文学部国史学科）教授の坂本太郎は、「元号を……今度も存続させて行きたい」理由として、第一に「年号を立てるということは、独立国の象徴であり……又文化水準の表示でもあつた」こと、第二に「年号は、いろいろな時代を……把握する場合の適切なる指標の役割を果しておる……日本歴史、日本文化と緊密に結合しておる」ことをあげている。

また、早稲田大学（法学部政治学科）教授の吉村正も、「年号を廃止するということに反対をしたい」理由として、第一に「年号により……時代を区切」れるから「便利がいい」こと、第二に「今日我が国の国民の大部分……年号というものに非常な親しみを持つて」いること、第三に「今は国民が民族の再建ということを自覚して立たなければならん……独立するためには、民族が先ず自信を持たなければならん」ことをあげている。

さらに、神社本庁統理（もと貴族院議員）の鷹司（たかつかさ）信輔は、「神社人も仏教徒も又キリスト教徒も……国民のあらゆる党派、教派の人々が……元号だけは同一のものを用いており……国民統合の象徴というような意義も感ぜられる」のに対して、「今後は一切キリスト紀元を用いる……ことになると、神道人や仏教徒は何んだか、国家が特にキリスト教を支持しておるように感ずる」から、「元号式の年代表示法と、キリスト紀元法とを適宜に併用して行くのがよい」と述べている。

これ以外にも、明治大学教授の藤沢衛彦（もりひこ）から「元号というのは国の政治の象徴」だから

「何らかの形において保存いたしたい」とか、新聞協会会長の馬場恒吾から「日本では天皇が在位される限り……年号があつた方が便利だ」という位の賛成論も出されている。

その上、文部委員会の議員たちも、すべてが同一意見だったわけではない。たとえば、作家の山本勇造（有三）委員は、個人的には西暦派であるが、「今これ（元号）を西暦にする（切り替える）とかいうことは……行き過ぎだと思う」と慎重論を唱えている。折しも西暦採用に熱心であった田中委員長が最高裁判所の長官に転出すると、この〝調査〟は立ち消えとなった。おかげで元号はあやうく一命をとりとめたのである。

二　「元号法」の成立過程

■1　「明治百年」前後の動向

連合国軍による占領（戦闘のない一種の戦争状態）は、昭和二十七年（一九五二）の四月二十八日、対日講和条約の発効によって終り、ようやく日本は独立を回復した。すると、その前後からＧＨＱの政策によって失われたものを取り戻そうとする動きが現れた。

その代表的な一例が「紀元節復活」（建国記念日制定）の運動である。それは同二十三年に制定された「国民の祝日に関する法律」に、世論の大多数が要望していたにも拘らず、ＧＨＱの強い反対で入れられなかった二月十一日の旧紀元節を、津田左右吉博士の提唱した「建国記念の日」という名称に改めて、再び祝日にすることであった。それに対して〝逆コース〟などの非難を浴せる運動も盛んになったが、紆余曲折を経て、同四十一年（一九六六）「祝日法」に盛り込まれている。

一方、被占領下で法的根拠が不明確となった元号は、慣習的に公用され続けていたせいか、独立後もしばらく問題になっていない。

ただ、昭和三十四年（一九五九）四月十日の皇太子殿下（今上陛下）御成婚に先立ち、二月に衆議院で民社党議員の受田新吉から「将来の皇位継承に際して、改元を行う規定があるのか」という趣旨の鋭い質問が出された。それに対して法制局長官の林修三は「明治初年の行政官布告というものがある」けれども、「今の憲法のもとにおいて、そういう新しい元号を立てるということは……法律できめるべき事項だろう」と答弁している。

この元号に一般の関心が高まったのは、「明治」改元から満百年を迎えた昭和四十三年（一九六八）前後からである。その十月二十三日（旧暦の明治改元日＝九月八日を新暦に換算した当日）、政府主催の「明治百年記念式典」まで行われた。しかも、それに先立つ四月三日、前述の受田新吉議員からの質問に対して、法制局次長の吉国一郎は次のような答弁をしている。

現在の元号制度というものは……いわば事実たる慣習として昭和という年号が用いられている（にすぎない）……次の代において元号をどうするかという問題は……今後さらに維持していくかどうかという政策決定が前提になる……

これは、先の林長官による答弁と同様、極めて重要な指摘として深刻に受けとめなければならない。なぜなら、現行の「昭和」年号は「事実たる慣習」として何とか続いているが、次の代に「新しい元号を立てる」には「法律が決めるべき事項」だから、しっかり「政策決定」をしておかなければ消滅するほかない、という現状が浮き彫りにされたからである。

そこで、前述の「建国記念の日」制定運動を熱心に進めてきた神社本庁など保守的な団体や有志が中心となり、「元号法制化」を求める運動に力を入れ始めた。それは「昭和」が「明治」を越えて日本史上で最長の年号となった四十五年（一九七〇）ころから次第に盛り上がっている。

それに対応して、各政党でも検討を始めた。いわゆる天皇制に批判的・否定的な社会党や共産党などは、反対する立場からの取り組みである。一方、与党の自民党では、昭和四十七年二月、内閣部会に「元号に関する小委員会」を設け、そこへ十数回にわたり学識者やマスコミ関係者など二十名を招き、さまざまの意見を聴いた上で、「元号制度は速かに法文化すること」という結論を党に提案している。

■2 「元号法制化」運動の拡大

そのような動きが一段と活発になったのは、昭和五十一年（一九七六）ころからである。それは、七十五歳になられる天皇の御即位以来五十周年を奉祝するため、全国各地で民間の行事が相つぎ、政府主催の式典（同五十一年十一月十日）も行われたことによる。

しかも、それを刺激した要因は、国会で質問を受けた内閣法制局の答弁にあるとみられる。たとえば、昭和五十年三月、第一部長の角田礼次郎は、「陛下に万一のことがございましたら、昭和という元号がその瞬間をもって消える、言いかえれば、空白の時代が始まる」と端的に述べている。

ついで翌五十一年十月、総理府総務長官の西村尚治は、単独立法が難しければ内閣告示でよい、という三木武夫首相の意向を受けて、「適当な時期に……元号制度を存続するための基本的な大綱……方向づけを決めておき……万一のいよいよ必要だというときには適当な学識経験者……に御相談をして……（新元号）案をつくっていただいて、それを内閣で決定……そして内閣告示をするということになろう」と踏み込んだ説明をしている。

さらに翌五十二年十月、次の総務長官、藤田正明は、「今年の八月に世論調査をした」

ところ、「元号を常時使用している人が八九％……元号の存続を希望する人が七九％……元号を希望しない人、存続を希望しない人は六％で……これは大体三回の調査でも同じような数字」であるから、「元号は存続すべしという国民の大半の意向」をふまえ、「そういう方針をもって……その手続きに関し……現在検討中」と答えている。

すなわち、政府としては、一方で放置しておけば元号が「昭和」限りで消滅するという認識をもち、他方で元号制度の存続を希望している大多数の世論を理解しながら、それに対応するには、内閣告示でよいか立法措置をとるべきか、なかなか決めかねていたようにみられる。

それを伝え聞いて心配した民間の有志たちは、各界各層から有識者・著名人数万名で「元号法制化実現国民会議」を結成すると共に、全国各地で身近な地方議会に働きかけた。その結果、「元号法制化に関する決議」（請願・要望）は、わずか一年半で、沖縄以外の全都道府県議会および千五百以上の市町村議会において、次々と決議を達成している。これは十年ほど前の「建国記念の日」制定過程では見られなかった、新しい保守的な〝草の根民主運動〟として注目されよう。

その地方議会における決議に賛成した議員は、自民党だけでなく当時の新自由クラブや民主党および公明党の人々も、ほとんど入っている。それが中央政界に大きな影響を与えたことは間違いない。同五十三年五月には、新自由クラブと民社党と自民党において次々と「元号法制化」（法律制定）を党議決定している。

しかも、六月中旬、この三党など無所属の衆参両院議員総計四百十一人が、「元号法制化促進国会議員連盟」を結成するに至った。その発会式には、公明党の代表も出席して、「元号の存続に賛成し、単純な形の法制化を要望する」という同党の案を披露している。ここに、小異を残しながらも大同に就く超党派の大筋合意が成立したのである。

■3　衆参両院で「元号法」成立

このような多数の世論と民間の要望に呼応した地方・中央の議会・政党に後押しされて、消極的な内閣告示案から積極的な単独立法案へと踏み切るのは、昭和五十一年末に総理大臣となり、機の熟するのを待っていた福田赳夫である。

具体的には、同五十三年（一九七八）十月、元号法制化実現国民会議による「総決起国民大会」における決議をふまえて、議長の石田和外（かずと）（もと最高裁判所長官）から、「福田内閣はすべからく……この（元号）問題の解決にあたられることを、満堂の皆様と共に要望したい」と訴えられた。それを承けて、「元号の存続は法制化（法律制定）による」ということで閣議決定が行われた。しかも、福田首相は自民党幹事長の大平正芳と会談し、「①元号は法制化する。②通常国会の冒頭に元号法案を提出し、速かにその成立を期す。③この趣旨を首相の施政方針演説で明らかにする」という三点を確約している。

ところが、まもなく行われた自民党の総裁選挙で大平幹事長が選ばれ、内閣総理大臣に任命された。大平首相は前記の約束①②③を守り、翌五十四年正月、施政方針演説の中で「政府としては、元号法制化のため、法案を速やかに国会に提出いたしまして御審議をいただき、今国会の早期成立を期待いたしております」と明言し、二月二日、「元号法」案を国会に上程している。

その法案は、次のような条文である。しかも本文は、前述の昭和二十一年に内閣で起草されたものを基にして、第一項と第二項を入れ替え、また「一世」という表現を省いたものであることがわかる。

元号法案

①　元号は、政令で定める。

②　元号は、皇位の継承があつた場合に限り改める。

附則

㋑　この法律は、公布の日から施行する。

㋺　昭和の元号は、本則第一項の規定に基づき定められたものとする。

すなわち、まず①により、今後の元号は、天皇の詔書でなく政府が「政令」で定めるということにして、現行憲法などとの整合性をはかっている。けれども②により、その元号は、天皇が皇位の継承をされたら速かに改め、在位される限り続けるという「一世一元」の原則を受け継いでいる。まさしく簡にして要をえた法文といえよう。

この法案を国会に提出する「趣旨説明」で、総務長官の三原朝雄が「元号は、国民の日常生活において長年使用されて広く国民の間に定着しており、かつ、大多数の国民がその存続を希望しておりますので、政府といたしましては、元号を将来とも存続させるべきであると考えております。しかしながら……現在の昭和は事実たる慣習として使われている状態であります。したがって、元号を制度として明確で安定したものとするため、その根拠を法律で明確に規定する必要があると考えます」と、これまた的確に述べている。

その後、「元号法」案の審議は、衆議院と参議院で約四カ月近く熱心に行われた。そこに招かれた参考人は、次の十五名、○印が賛成、△印が反対の意見を表明している。

衆議院（四月十三日の内閣委員会）
○＝坂本太郎・村松剛・林修三
△＝小林孝輔・村上重良
参議院（五月二十五・二十六日の内閣委員会）
○＝宇野精一・村尾次郎・小野祖教・堀健三・小川泰
△＝松岡英夫・木村知己・高柳信一・長谷川正安・丸山康雄

これらの人々が述べた意見は、立場を越えて元号問題に関する貴重な資料として参考になるが、一々紹介する紙幅がない。興味のある方は、各々の要旨を抄録した拙稿「元号法の成立過程」（拙著『年号の歴史』所収、雄山閣出版）を参照して頂きたい。また、各政党の議員による賛否両論については、この拙稿に両院の議事録を抄出してある。各党かなりニュアンスを異にするが、結論的には、自由民主党と新自由クラブと民社党および公明党が法案に賛成し、日本社会党と日本共産党が反対しており、それぞれの思想と姿勢がよく表れている。

さらに、政府の答弁は、大平首相のもとで、三原総務長官を中心にして、法制局長官の真田秀夫や審議室長の清水汪（ひろし）、および、法務・自治・文部の各大臣などがあたった。いずれも法案を成立させるため、もっぱら低姿勢で丁寧に説明している。その抄録も右の拙稿に収めたが、まず法制化の理由と法案の内容、ついで法制化の元号の取り扱い方、さらに将来の新元号の選定方法に及んでおり、いま読み返しても参考になることが多い。

元号法をここに公布する。
裕仁
天皇御璽
昭和五十四年六月十二日

「元号法」（国立公文書館所蔵）

その結果、「元号法」案は、衆議院で四月二十四日の本会議、また参議院で六月六日の本会議において裁決が行われた。いずれも与党だけでなく野党も含む三分の二以上の多数で可決成立し、直ちに公布されるに至ったのである。

三　改元の手続きと扱い方

■1　元号選定の手続き

こうして「元号法」が制定された途端、政府の責任は重大になった。なぜなら、その第一項で「元号は、政令で定める」と決められたので、政府としては、いつでも万一の事態に対処できるよう、常に万全の準備をしなければならなくなったからである。

そこで、三原総務長官が中心となって、「元号選定手続」に関する要領を作り、昭和五十四年（一九七九）十月二十三日「閣議報告」の形で公表している。その全文は次のとおりである（のち同五十九年、行政改革により総務長官が廃止されたので、2の(1)(2)、3の(1)「総理府総務長官」が「内閣官房長官」に置き換えられている）。

1　候補名の考案

(1)　内閣総理大臣は、高い識見を有する者を選び、これらの者に次の元号とするのにふさわしい候補名（以下「候補名」という）の考案を委嘱する。
(2) 候補名の考案を委嘱される者（以下「考案者」という）の数は、若干名とする。
(3) 内閣総理大臣は、各考案者に対し、おおよそ2ないし5の候補名の提出を求めるものとする。
(4) 考案者は、候補名の提出に当たり、各候補名の意味、典拠等の説明を付するものとする。

2　候補名の整理
(1) 総理府総務長官は、考案者から提出された候補名について、検討し、及び整理し、その結果を内閣総理大臣に報告する。
(2) 総理府総務長官は、候補名の検討及び整理に当たっては、次の事項に留意するものとする。
(ア) 国民の理想としてふさわしいようなよい意味を持つものであること。
(イ) 漢字2字であること。／(ウ) 書きやすいこと。／(エ) 読みやすいこと。
(オ) これまでに元号又はおくり名として用いられたものでないこと。
(カ) 俗用されているものでないこと。

3　原案の選定

(1)　内閣総理大臣の指示により、内閣官房長官、総理府総務長官及び内閣法制局長官による会議において、総理府総務長官により整理された候補名について精査し、新元号の原案として数個の案を選定する。

(2)　全閣僚会議において、新元号の原案について協議する。また、内閣総理大臣は、新元号の原案について衆議院及び参議院の議長及び副議長である者に連絡し、意見を伺う。

4　新元号の決定

閣議において、改元の政令を決定する。

これによれば、元号を選定する総責任者は内閣総理大臣である。ただ、その実務をみると、まずⓐその候補名を考案し提出するのは若干名の「考案者」（学識者）である。ついでⓑそれらの案を検討し整理する作業は総理府総務長官（のち官房長官）のもとで行われる。しかもⓒその絞られた案を精査し原案として選定するのは内閣の三長官（のち官房長官と法制局長官）の会議である。さらにⓓその選ばれた原案を新元号として協議するのは閣僚会議である。しかしⓔそれに先立って、衆議院と参議院の正副議長に意見を伺う。その上でⓕ唯一の最善案を決定し政令とするのは閣議である。

このうち、ⓐの考案者とⓑの担当者が留意すべきは、1の⑷にいう「各候補名（文字案）の意味、典拠等」が明確でなければならないことである。また2の⑵の（ア）～（カ）に列挙されている条件にふさわしい文字案を考案し精選しなければならない。この六条件は、すでに「昭和」改元に先立って宮内大臣から示された元号案勘申条件を基にしている。

これらをより具体的に考えてみると、検討すべき重要なことが少くない。まず文字案の「典拠」は、従来すべて漢籍（中国の古典）であったが、それのみに限るのか、それとも漢文で書かれた日本の古典も含めるのかである。

また、その文字は（イ）（ウ）（エ）にいう、二文字で書きやすすく読みやすい、といっても、具体的にはいろいろ考えられる。現に小学校で習う教育漢字（約一千字）に限るのか、それとも常用漢字（約二千字）・人名漢字まで含めるのかである。

従来、年号に使用された漢字は、表2（三十五頁）の七十字余りに限られてきた。今後は（ア）にいう「国民の理想としてふさわしいようなよい意味を持つもの」ならば、他にも新字を採り入れてよいのかも慎重に検討しなければならない。一方、（オ）（カ）にいう従来の元号や「おくり名」（諡号・追号）および地名・商品名などに「俗用」がないことを精査する範囲は、日本国内だけでよいのか、それとも中国の全史・全域や中国周辺の漢字使用圏すべても含むのかである。いずれも条件を完璧に満たすには、非凡な学識と細心の注意を要するにちがいない。

■2　元号の公的な在り方

元号に関して、もう一つ考えなければならない問題がある。それは元号が日本の法律に基づき政令により定められる公的なものだ、という共通認識に立っても、元号を年の表示方法（紀年法）として日本国民の全体に使用を求められるかどうかである。

この点は「元号法」案の審議過程で、おもに反対派の野党から質問が何度も繰り返された。それに対して三原総務長官は、「この法律案は、一般国民に元号の使用を義務づけているわけではない」が、「公の機関においては、今後とも現在のように原則として元号によって年を表示することになる」ので、一般国民が提出する申請書や手続書類などは「公の機関における統一的事務処理のために、元号の使用について協力を願いたい」と慎重に答弁している。

それに倣(なら)って関係省庁の大臣も、より具体的な説明をしている。たとえば、古井喜實法務大臣は「従来、戸籍などの諸届けの用紙に、不動文字(ふどうもんじ)（あらかじめ印刷された文字）で『昭和』などと刷り込んでおる」のは「申請者に便宜を与える」だけであって「強制する……趣旨ではない」と述べ、渋谷直蔵自治大臣も同様に答えている。

ついで内藤誉三郎文部大臣は、「学校における実際の指導では……たとえば歴史学習において、政治、文化などに関する歴史的用語として、また年代の表示方法として（元号が）使用されてきた」と述べた上で、「教科書の検定」に際しては「著者の判断をできるだけ尊重する」が、「日本史の場合」は、「特に重要な問題については西暦と元号を併記するように文部省は指導して」いると答えている。

それぞれ穏当な見解であり、これで従来の慣習を自然に受け容れている人々には理解され通用すると思われる。ただ、その慣習を批判し否定しようとする人々は容易に納得しない。そんな一例として「元号法」論議中に出されて波紋をよんだのが、佐野洋の小説『元号裁判』（文春文庫）である。

その要点は、自動車の運転免許証に生年月日も交付年月日も元号で記されていることに不満をもつ主人公が、元号年の部分を全部マジックインクで消して、代りに西暦年を書き入れ、それと同じことを甥にさせて「元号の強制は不当」と訴える裁判を起こした。しかし、免許証に記載の事実（年月日）が変えられたわけではないから「公文書偽造」にあたらず、公訴棄却になった、という巧妙なフィクションである。

この作品は、元号使用の在り方に一石を投じたことになろう。公の機関が公文書に統一的な年代表示をすることは、当然であるが、それを元号の嫌いな人々が忌避し変更することまで認められるかどうか。よくよく考えてみなければならない。

実は、平成に入ってから生じたトラブルがある。関西地方の公立中学で、卒業証書に従来どおり生年月日も卒業年月日も元号で記したところ、ある卒業生が受け取りを拒否して、西暦への書き替えを要求し、さらに校長を相手に裁判まで起こした。それは公訴棄却となったが、以後その地域では、校長が生徒等の意向を汲んで、西暦のみとするか西暦（元号）の形をとる学校が多くなったという。

しかし、それでよいのかどうか。役所の戸籍や免許証などに元号で記載されている生年月日を、公的な卒業証書にも西暦か西暦（元号）の形で書くようなことを認めていたら、今後たとえばイスラム原理主義的な生徒か保護者が、キリスト紀元の西暦を忌避してイスラム紀元（純太陰暦であるから太陽暦と年月日が一致しない）での書き替えを求めてきても断れないことになろう。それが卒業証書だけでなく他の公文書類にまで及べば、公共的な事務に混乱どころか麻痺が生じかねない。

やはり日本国内では、「元号法」という法律に基づいて定められる元号を、公的な紀年法として優先し、公的な文書類の表記は、それで統一することが必要だと思われる。

■3　内密に始まった元号の考案

「元号法」が成立した昭和五十四年（一九七九）六月当時、天皇は既に満七十八歳であられた。もちろん、まだご壮健ながら、当時の日本人男性の平均寿命を越えておられ、いつ何が起こるかわからない。そこで、政府は早々に前掲の「元号選定手続」を閣議決定し、その1「候補名の考案」に向けて「高い識見を有する者を選び、これらの者に次の元号とするのにふさわしい候補名の考案を委嘱する」ことになったのである。

もちろん、政府からの委嘱が、いつ誰に対して行われたかは、今なお公表されていない。ただ、「平成」改元前後にマスコミ各社が丹念に取材して得た情報を整理した記録（読売新聞政治部『平成改元』、毎日新聞政治部『ドキュメント新元号平成』など）によって、かなり判明してきたことがある。それをおおよそ年次順に整理して略述しよう。

まず「元号法制化」の運動が大詰を迎えた昭和五十二年六月、福田赳夫首相が全国師友協会代表の安岡正篤（まさひろ）（七十九歳、同五十八年十二月逝去）に会い、新元号の考案者としてふさわしい碩学（せきがく）の推薦を依頼したところ、東京教育大学名誉教授の諸橋轍次（もろはしてつじ）（九十四歳、同五十七年十二月逝去）など二人を推挙しており、少くとも諸橋博士（『大漢和辞典』の著者）は依頼を受けている。

ついで「元号法」成立後まもない同五十四年十二月、前記の安岡正篤と諸橋轍次に加えて、東京大学名誉教授の坂本太郎（七十八歳、同六十二年二月逝去）と同じく東大名誉教授の宇野精一（六十九歳）の四名が考案を依嘱されている。

それから数年以内に諸橋と安岡が他界し、ついで依嘱を受けた京都国立博物館長の神田喜一郎も同五十九年四月に他界した。

そこで、同五十九年九月、京都大学名誉教授の貝塚茂樹（八十歳）が依嘱を受けた。そして直ちに「文思」（出典『書経』）、「天章」（出典『詩経』）、「光昭」（出典『春秋左氏伝』）を提出している。

しかし、もう一人、同六十年一月、東洋文庫理事長の榎一雄（七十二歳）も、丁寧に依頼されたが、「平成」改元直後のインタビューで「『漢学の知識があまりない私には、荷が重すぎる』と考案は断ったが、京都産業大学教授・所功の著書『日本の年号』と森鷗外の『元号考』を紹介した」（前掲『平成改元』）と答えている。

さらに、その前後、内閣内政審議室長を務めた的場順三著『日本の7つの大問題』（海竜社）によれば、「私が担当になってから、新たに漢学や東洋史、国文学など4人の専門家の先生に極秘に依頼し、目加田誠先生、山本達郎先生、市古貞次先生の3人の方にお引き受けいただきました」（もう一人は断った榎一雄博士か）と語っている。

このうち、目加田・山本両氏は、次章に説明するとおり、確実に元号案を提出している。ただ、国文学研究資料館館長の市古氏（一九一一～二〇〇四）による元号案の存否は、確認されていない。

コラム　新元号の出典は日本の古典から!?

国史学者の坂本太郎博士は、昭和二十五年（一九五〇）の参議院文部委員会で行われた「『元号』に関する調査」で参考人として「元号を廃止することには不賛成……今度も存続させて行きたい」と発言し、昭和五十四年（一九七九）の元号法案をめぐる審議でも再び参考人として、元号は今日なお生きている「文化遺産」であると主張された。元号法成立後は年号案の考案を依頼されていたとみられる。

その坂本博士が、元号の出典は、国書（日本の古典）も含めてよいと語られていたことは興味深い。

昭和三十六年（一九六一）ごろ、坂本博士を中心としていた「日本書紀研究会」で小島憲之博士に「年号は日本のものでもいいのではないか」と言われたことがある。日本の漢詩文研究の大家である小島博士は、具体的に「私なら、まず聖徳太子の十七条憲法から元号をとるが、二、三番目は嵯峨天皇の漢詩からとりますね」と応じたという（『平成改元』）。

また、考古学者の斎藤忠博士も、「日本にも長い歴史があるのだから、万葉集や古事記からとってもよいのではないか」と語っている（同前）。

第八章　「平成」の改元と次の元号

新元号「平成」を発表する小渕恵三内閣官房長官（時事）

一　昭和天皇の晩年と改元準備

■1　癌の手術と御闘病

二十世紀の初年（一九〇一）に誕生された昭和天皇は、昭和元年（一九二六）十二月二十五日、満二十五歳八カ月近くで即位された。それ以来、戦前も戦中も戦後も、国家および国民のために「天皇」として誠心誠意お務めを果たし続けて来られたことは、今や国内外でよく知られている。

この昭和天皇は、皇太子時代の大正十年（一九二一）、満二十歳でヨーロッパを歴訪され、近代的な立憲君主の在り方などを学んでこられた。そして帰国早々、病状の進行した父君に代わり「摂政」の大任を五年間にわたって担われた。

しかも、即位される前後から国際情勢が厳しくなり、やがて昭和二十年（一九四五）、未曾有の敗戦によって占領下に置かれた。その状況は七年後の講和独立により一応克服され、経済的な復興・繁栄を成し遂げたかにみえる。しかし、戦争をした欧米との和解には、開戦を心ならずも裁可した天皇ご自身が先方へ出向かなければならないと考えられ、まず昭和四十六年（七十歳）ヨーロッパ、ついで同五十年（七十四歳）アメリカ合衆国を訪問されたのである。

その両期間、天皇の公的役割は皇太子（今上陛下）が代行された。すでに戦後の憲法の第四条に、「天皇は、法律の定めるところにより、その国事に関する行為を委任することができる」と定められており、その法律が昭和三十九年（一九六四）「国事行為の臨時代行に関する法律」として用意されていたからである。

ただし、これは文字どおり「臨時代行」にすぎない。もっと長期間にわたる深刻な事態には、どう対応するのか。これも現行の憲法は、第五条に「摂政を置く」ことができると定められ、具体的には「皇室典範」の第十六条で「天皇が、精神若しくは身体の重患又は重大な事故により、国事に関する行為をみずからすることができないときは、皇室会議の議により、摂政を置く」と決められている。

とはいえ、昭和六十一年（一九八六）四月、満八十五歳で「御在位六十年記念式典」に元気よく臨まれた天皇には、心身の「重患」などありえないだろう、と一般に思われていた。しかも、天皇ご自身、皇太子時代に摂政を務められた五年間、父君が生きておられるのに何もできない方として押し込めるような不条理に悩み苦しまれた経験から、摂政の制度は安易に適用すべきでない、と考えられていたようである。

そんな折、昭和六十二年七月ころからご気分がすぐれず、九月に癌と診断され、前代未聞の開腹手術を受けられた。それでも、奇蹟的に体調を回復され、翌六十三年八月の「全国戦没者追悼式」に何とか臨席しておられる。

しかし、九月十九日、吹上御所で大量吐血され、百十一日の御闘病を経て、翌六十四年(一九八九)一月七日午前六時三十三分、八十七歳八カ月余りの生涯を閉じられたのである。

■2 新元号案の提出と整理

このような昭和天皇の晩年に、政府の関係者たちは、陛下の御平癒を祈りながら、ひそかに改元の準備を進めなければならなかった。ところが、昭和六十二年(一九八七)二月、かねて最も頼みとされてきた坂本太郎博士(享年八十五)も貝塚茂樹博士(享年八十二)も、他界していた。

そのころ、すでに十年ほど前の「福田内閣以来積み重ねられてきた四、五十の新元号案」があった（前掲『平成改元』）といわれる。けれども、物故者の案は対象外とされたので、同年十一月に竹下登内閣の官房長官となった小渕恵三のもとに残っていたのは、当時健在の宇野精一などから提出ずみの数案だったようである。

　そこで、あらためて少くとも三人の碩学に交渉したことが判明している。その一人は京都大学名誉教授の平岡武夫（七十七歳）であるが、残念ながら歩行困難を理由に辞退したという。もう一人は、九州大学名誉教授の目加田誠（八十三歳）で、幸い依頼を承諾し、まもなく「詩経などから、『修文』『靖和』『天昌』など七案を考案し」ている（同前）。いま一人は文化功労者（平成十年文化勲章受章）で東京大学名誉教授の山本達郎（七十七歳）とみられている。

　こうした考案者への依頼は、天皇陛下の崩御を不可避と予測してのことゆえ、ごく内密に行われ、引き受けた本人も原則的に口外しない（山本教授も生涯ノーコメントで通した）。従って、上記以外の方も少くないであろうが、今のところ昭和六十四年正月段階で健在だった考案者と確認し推断できるのは、宇野精一・目加田誠および山本達郎の三氏である。

　そして、これらの碩学から提出された候補名は、おそらく昭和天皇が危篤状態に陥られるより前、小渕官房長官のもとで綿密な「整理」が進められていたにちがいない。その作業は、前掲の「手続」２の⑵のうち、考案者が留意ずみの（ア）〜（エ）よりも、（オ）と（カ）を中心に検討されたことであろう。

なぜなら、（オ）の「これまでに元号又はおくり名として用いられたものでないこと」といっても、それは日本の公年号や天皇の諡号・追号だけでなく、地方で秘かに使われた私年号や偽年号、また天皇以外に皇后や女院および摂政・関白などにも贈られた称号などもある。さらに（オ）に示されていないが、宮殿や社寺などの殿名・門名などにも良好な漢字が使われている。そして、（オ）の対象を日本だけでなく中国や周辺の漢字を使ってきた国々まで広げたら、途方もないことになる。

それに加えて、（カ）の「俗用されているものでないこと」というのも、何がどこまで俗用なのか、判断基準が難しい。たとえば、地名には好字が多く、俗用されてきたなかに、町村合併で消えた旧地名や地区の小字（こあざ）名など調べ難いものもある。また会社名や商品名なども、現存名だけでなく、倒産したり廃棄されたものも当然ながら確認して除かなければならない。さらに、（オ）と同様、日本以外の漢字使用諸国にある地名や社名・品名まで含めたら、おそらく完全には調べ尽くせないだろうと思われる。

けれども、官邸の担当者たちは、そのような作業を可能な限りやりとげたのである。

■3 崩御直後の「剣璽等承継の儀」

昭和の終りに近い百十一日間は、日本全体が天皇の御平癒を祈りながら、いわゆる自粛ムードに包まれた。そんな状況下で、まったく意外なことながら、私は万一に備えて、大学の授業時間以外、必ず東京にいるよう求められ、内々いろいろなことをさせて頂いた。その一つが、昭和六十四年（一九八九）一月七日の「平成」改元報道解説である。

当日朝早く都内のホテルで「天皇が永眠された」との知らせを受け、渋谷のNHK放送センターへ急行した。そして午前十時から宮殿で行われた「剣璽等承継の儀」を中継で視たり、お昼前後に官邸などから次々と入る改元関係の情報を聴き、午後二時ころから新元号の発表前後、ほとんど筋書きのない特別報道番組の解説を手伝い、さらに夕方から数日間、国内・海外の多様な取材に、可能な限り対応した。

この皇位継承に関しては、戦後の「皇室典範」第四条に「天皇が崩じたときは、皇嗣が、直ちに即位する」としか定められていない（第二十四条のいう「皇位の継承があったときは、即位の礼を行う」というのは主に後日の儀礼である）。けれども、明治以来の旧「皇室典範」第十条に「天皇崩ずるときは、皇嗣即ち践祚し、祖宗の神器を承く」とあり、それを承けて「登極令」の附式第一編に「践祚の式」次第が詳しく定められているのを参考にして、新たに「剣璽等承継の儀」が行われたのである。

ここにいう「剣璽等」とは、記紀の神話に由来する皇位と一体の「宝剣」と「神璽」(勾玉)および律令以来の制に由来する公印の「天皇御璽」と「大日本国璽」(共に方角金印)である。ただ、「剣璽」は賢所(かしこどころ)に祀られる「御鏡」とあわせて、古来「三種の神器」と称されているが、戦後の「皇室経済法」第七条に「皇位とともに伝わるべき由緒ある物は、皇位とともに、皇嗣が、これを受ける」と定められた「由緒ある物」の代表であって、法的には「神器」とみなされない。

それゆえに、「剣璽等」を承け継ぐ儀式は、現行の典範などに明文がないけれども、現行の憲法第二条の定める「世襲」の公的な皇位を継承するには不可欠なものと認められ、「国の儀式」(憲法第七条十の国事行為)として、宮殿(正殿松の間)で厳粛に執り行われたのである。

この儀式はまことに重要な意味をもっている。法律的には、天皇の崩御と同時に皇嗣(皇太子)が皇位を継承されたと解釈されるが、実際的には、昭和天皇の崩御から約三時間半後、皇太子明仁親王がこの「剣璽等」を宮殿で受け取られる儀式が行われることによって、皇位を継承されたことが確認され、それがテレビで中継されて一般国民も認識できたからである。事実、この儀式直後から新元号への改元手続きが、公然と行われている。

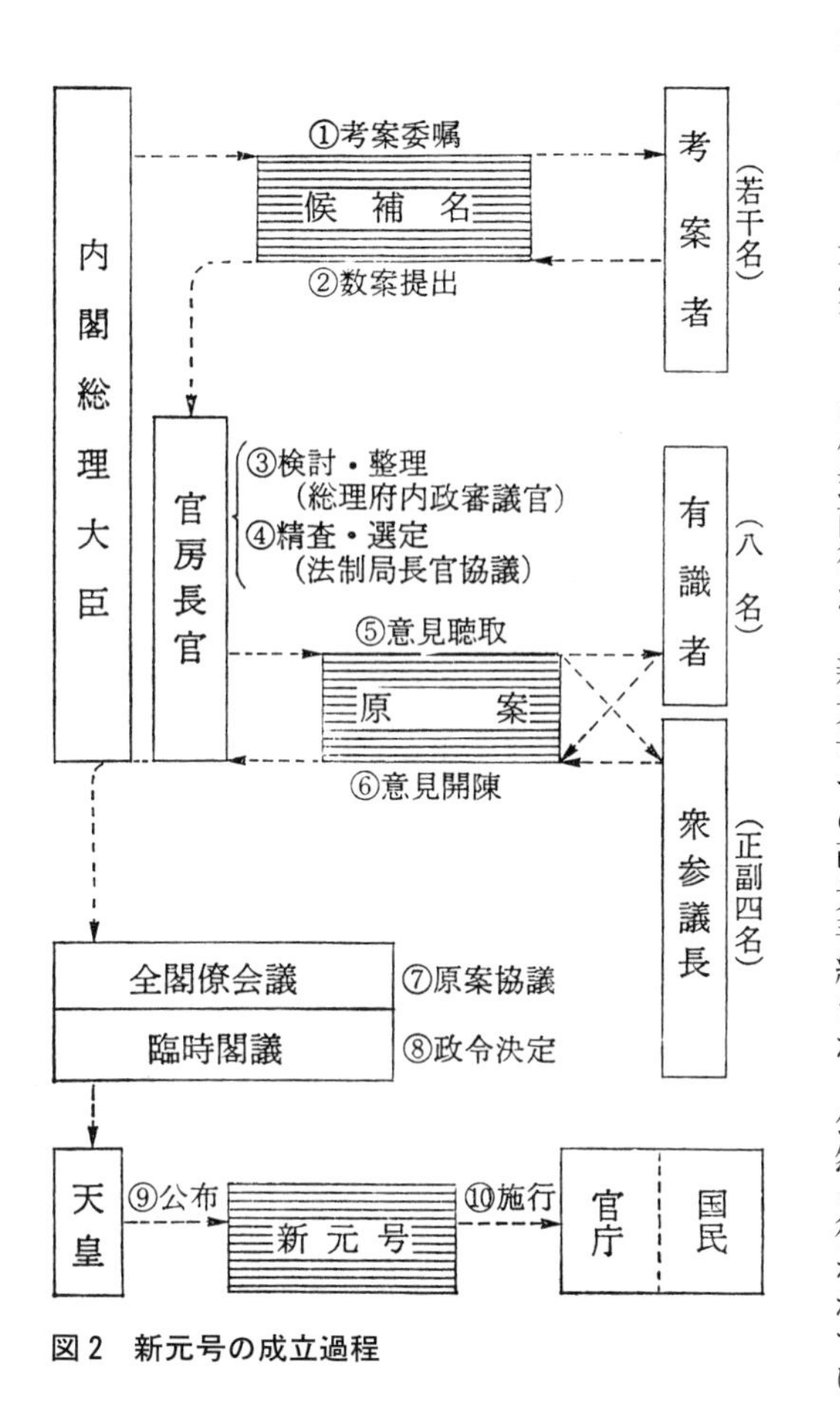

図2　新元号の成立過程

二 「平成」元号の誕生と意味

■1 改元の最終的な手続き

すでに述べたように「元号法」では、①元号は政府が「政令で定める」こと、しかも②元号は「皇位の継承があった場合に限り改める」ことになっている。

そこで、昭和天皇の崩御以前から秘かに準備を進めてきたにせよ、前記の「剣璽等承継の儀」により「皇位の継承があった」ことが確認されてから、政府は表むきの最終的な改元手続きに入ったのである。

すなわち、まず午前十一時半ころ、皇居から首相官邸へ戻った小渕官房長官を中心に、入念なスケジュールの打ち合せが行われた。ついで官邸の一室へ「元号に関する懇談会」の有識者八名が集まると、内閣官房副長官の石原信雄から、封筒が配られた。その中に入っていたのは、次のような三つの元号案などである。

①「平成（へいせい）」　②「修文（しゅうぶん）」　③「正化（せいか）」

そして小渕官房長官が「新元号は、二文字で、わかりやすく、俗用されておらず、企業名など固有名詞と合致しないよう勘案して……三案に絞ったので、皆さんのご意見を承りたい」と述べ、内閣内政審議室長の的場順三が各々の出典と意味を説明した。すると、ほぼ全員から「平成がよい」との意見が出され纏まった。

続いて、二人は一時半ころ国会へ赴き、常任委員長室で衆議院と参議院の正副両議長に元号案を示し説明したところ、「内閣が決められることだから、お任せする」との返答があった。ついで、二人が官邸に戻ると、一時五十分から全閣僚会議（事務方も入る）が開かれ、さらに二時十分からの臨時閣議において、新元号は「平成」と決定された。

そこで、石原官房副長官は直ちに宮内庁長官の藤森昭一に電話を入れ、長官から新天皇に「新元号は平成」と報告し、天皇はまもなく皇居（鳳凰の間）へ持参された政令に御名「明仁」を親署された。一方、小渕官房長官は、二時三十五分から官邸の記者会見に現れ、恭しく「新しい元号は『平成』であります」と発表している。

そのさい、内閣官房人事課辞令専門職の河東純一により「平成」と墨書された額が掲げられ、好評をえた。「大正」改元の時は新聞だけ、「昭和」改元の時にはラジオも加わったが、「平成」改元はテレビ全盛期を迎えていたから、適切な表示方法といえよう。これは小渕長官と石附弘秘書官のアイディアであったが、私も前年十月、NHKスタッフとの打ち合せ段階で、昭和三十五年（一九六〇）の「浩宮」「徳仁親王」ご誕生発表の例に倣って、墨書を貼り出されたらわかりやすい、と提言したことがある。

■2　公表された出典の解釈

小渕官房長官は、竹下総理大臣の「談話」として、新元号を次のように説明している。

新しい元号は「平成」であります。これは、『史記』の五帝本紀、及び「書経」の大禹謨の中の「内平らかに外成る」（史記）「地平らかに天成る」（書経）という文言の中から引用したものであります。この「平成」には、国の内外にも天地にも平和が達成される、という意味がこめられており、これからの新しい時代の元号とするに最もふさわしい……

すなわち、「平成」という元号には二つの出典があり、それぞれの四字成句から「平」と「成」の文字を取り出し組み合わせたものである。この二文字で注目されることは、従来年号に使われてきた漢字（七十一字）の中にある「平」（漢音ヘイ・五画）は十一回も採用されている（平治・天平・寛平・承平・康平・仁平・正平など）。しかし「成」（漢音セイ・六画）は今回が初めてである。

また、発表された出典が二つある。従来採用された年号の出典（約八十種）のうち、『史記』は十二回（未採用案に三十三回）、また『書経』は最も多い三十五回（未採用案に八十五回）もみえる（森本角蔵『日本年号大観』参照）。いわば年号の出典として、なじみ深いオーソドックスな漢籍から採られたことになろう。

この出典の本文を確かめてみよう。まず漢代の司馬遷（BC八六年ころ没）が完成させた歴史書『史記』の「五帝本紀」は、伝説的な黄帝から舜帝まで五名君の治績を記している。その多くは古代中国の政治的な理想像を描いており、次のような記事がみえる。

昔、高陽氏（黄帝の孫）に才子八人あり。世その利を得て、これを八愷（八人の温良な才子）といふ。高辛氏（黄帝の曾孫）に才子八人あり。世これを八元（八人の善良な才子）といふ。……舜（黄帝の八世孫）は、八愷を挙げて后土（土地の守り神）を主らしめ、以て百事（諸政）を揆らしめしに、時（当時の状況）に序でざるなし。八元を挙げて五教（儒教的な五つの教え）を四方（天下）に布かしめしに、父は義（正義強く）、母は慈（慈悲深く）、兄は友（親切）、弟は恭（柔順）、子は孝（親思い）にして、内平かに外成る（内平外成）。

つまり、舜帝が同族の有能な人材を登用して万事を任せたところ、政治も教育も大変に良くなって、内（家庭から国内まで）も外（社会から国外まで）も平和になった、というのである。

また、『書経』（尚書）の「大禹謨」篇は、孔子（BC四七九年没）の編といわれる原文が失われ、のち南北朝時代（四世紀ころ）諸書から逸文（散逸した文章の断片）を集めて作り直したものといわれる。そのなかに次のような記事がみえる。

> 禹（夏朝の始祖）いはく、ああ、帝（舜）念はんかな。徳はこれ政を善くし、政は民を養ふにあり。水火金木土（五行の働き）と穀（五穀の実り）これ（あわせて六府という）修め、正徳・利用・厚生（人徳を正し、日用を利し、生活を厚にする三事をいう）これ和し……壊ること勿らしめよと。帝（舜）いはく、兪り。地平かに天成り、六府

と三事まことに治まらば、万世永く頼らん、これ乃（なんじ）の功なりと。

つまり、舜帝に登用された禹が、為政者の高徳が政治を善くするのだから、民生に不可欠な五行の働きと五穀の実りを心がけ、また日常生活を豊かにすることが肝要でありましょう、と進言した。すると舜帝は、大いに喜んで「地も天も穏かに治まり、六府と三事がよく行われるならば、末永く頼りになるだろうから、これこそ禹の功績である」と称賛した、というのである。

■3 「平成」に関する逸話

ところが、政府の公表した『史記』と『書経』以外に、もう一つ出典と認められてよいのは、『春秋左氏伝』である。これは孔子が生まれ仕えた魯の歴史書『春秋』に、のちに（BC三世紀ころ）左丘明などが注釈（伝）を加え、漢代までに整理されたものといわれる。その文公十八年（BC六〇九）条に次のような記事がみられる。

昔、高陽氏（中略ⓐ）、時に序（ついで）ざるなく、地平かに天成る。八元を挙げて（中略ⓑ）、内平かに外成る。

この中略ⓐとⓑは、前掲の『史記』引用部分とほとんど同文である。ただ、ここでは文公の後を継いだ宣公に対して、季文子が上申した政道の教訓のなかに、舜帝の治績として引用されている。しかも『史記』にない「地平天成」の四字を途中に入れ、末尾の「内平外成」と対句にしている。従って、前掲の『書経』や『史記』を参取したのかもしれないが、これらによって「内平外成」とか「地平天成」という表現は、かなり早くから流布していたものとみられる。

また、この「平成」を候補名として提出したのは、前述の山本達郎教授（七十七歳）と推定されている（「修文」は目加田誠教授であり、また「正化」は宇野精一教授であることが、ほぼ確認されている）。ただ、一説に昭和五十四年（一九七九）ころ安岡正篤（八十一歳）により提出されたことがあるといわれる。

さらに早く同三十年（一九五五）初版の諸橋轍次著『大漢和辞典』は、「平」の項に、熟語として「平成」（ヘイセイ）をあげ、『尚書』（書経）と『春秋左氏伝』を出典に引き、「治まる。平も成の意。水土の治まるを平といひ、五行の叙（つい）づるを成といふ」との説明がみえる。

　これは一見して不思議なことに感じられようが、諸橋門下の鎌田正（『広漢和辞典』共著者）によれば、清朝の『駢字類編』に、『尚書』から採った「平成」があり、これを『大漢和』に載せられたのだろうという（前掲『平成改元』インタビュー）。

　すでに昭和八年刊の森本角蔵著『日本年号大観』に未採用年号の一つとして「平成」がみえる。また、幕末の「慶応」改元（一八六五）に際して、文章博士の高辻修長（二十五歳）が勘申した十五案（徳政・享長・大安・建明・天成・永基・万保・大亨など）の一つに、『尚書』を出典として「平成」もみられる。この事実を、「平成」改元の関係者は知っていたであろう。過去に提出された文字案が、後で最善案として採用された例は多々あるのだから、何ら異とするにたりない。

　なお、「平成」は国内の地名として俗用されていないことが精査されたはずである。しかるに、政令で公表後、岐阜県の武儀郡下之保村（現在関市に編入）の小字に「平成」のあることが判明した。小字はすでに行政地名から消えていたからやむをえない。むしろ、これによって当地は有名になり、今では道の駅は「平成（へいせい）」の名で親しまれている。

三　新元号への具体的な道筋

■1　「高齢譲位」の「特例法」

「平成」と改元されてから、はや三十年目に入り、来年（二〇一九）五月一日には新元号が誕生する予定となっている。

従来ならば、あらかじめ改元の日程など事前に論じるようなことはできなかった。しかし、今回それが可能なのは、長らく例のなかった「譲位」が行われることになり、その年月日が既に内定され公表されたからである。

改元は、上述のごとく「元号法」によって「元号は、皇位の継承があった場合に限り改める」と定められている。だから、「平成」の場合、昭和天皇の崩御により今上陛下が皇位を継承されてから、直ちに実施された。

その大前提が、従来の崩御ではなく、新たに〝譲位〟となった経緯を、簡単に振り返っておこう。

昭和八年（一九三三）十二月二十三日生まれの今上陛下は、五十五歳で即位されてから「日本国の象徴」「国民統合の象徴」としてのお務めに心血を注いで来られた。しかし、平成十五年（二〇〇三）癌の手術をされたころから将来を懸念して、同二十二年七月（七十六歳）宮内庁の参与（数名の相談役）会議で「譲位」の決意を強く表明された。

しかし、その御意向は、さまざまの事情で先送りされてきた。そこで、やむなく同二十八年八月（八十二歳）みずから「象徴としての務め」に関する「おことば」の中でそのご意向を示唆された（ビデオ・メッセージ。宮内庁ホームページに日本語と英訳が全文掲載されている）。

それに対して、拝聴した大多数の一般国民が、素直に理解と共感を示した。そのため、世論に応える形で、政府も国会においても多様な論議を進めてきた。そして昨年六月、「天皇の退位等に関する皇室典範特例法」が、衆議院も参議院も出席議員の全員賛成により可決成立するに至ったのである。

その特例法をみると、まず第一条で、今上陛下は「象徴としての公的な御活動に精励してこられた」が、「御高齢になられ、今後これらの御活動を天皇として自ら続けられることが困難となることを深く案じておられ」、それを国民の多くが「理解し……共感している」ことなどから、「皇室典範の規定（終身在位が原則）の特例として、天皇陛下の退位及び皇嗣（皇太子）の即位を実現する」ための事項を定める、としている。

ついで第二条に、「天皇は、この法律の施行の日限り、退位し、皇嗣が、直ちに即位する」こと、また第三条・第四条で「上皇」「上皇后」の称号および両者の敬称を「陛下」とすることなどを定めている。

さらに、詳細な附則の第一条で、この法律の施行日（譲位日）は「政令で定める」が、その際「内閣総理大臣は、あらかじめ、皇室会議の意見を聴かなければならない」としている。

そこで、半年後の昨年十二月一日「皇室会議」が開かれた。この会議は、皇族二人と三権の代表八名から成る最高の諮問機関である。ここで全員の賛成をえて、譲位日は「平成三十一年四月三十日」（それに続く即位日は五月一日）とすることが認められ、それに基づく「政令」が公布されたのである。

なお、この法律では終始「退位」と称し、「譲位」と言っていない。それは、現行憲法の第四条に「天皇は、この憲法の定める国事に関する行為のみを行ひ、国政に関する権能を有しない」と厳しい制約を定めているためであろう。

しかし、戦後の昭和天皇も平成の今上陛下も、「日本国の象徴」としての国事行為だけでなく、「国民統合の象徴」として多様な公的行為に多大な力を尽くされ、また国家・国民の平安を祈る祭祀行為も丁寧に務めてこられたことは、周知の通りであろう。

その上、後半の「国政に関する権能」とは、一般に「ひろく政治または統治に関する機能をいう」（宮澤俊義著・芦部信喜補訂『全訂　日本国憲法』日本評論社など）のであろう。

しかしながら、今回は、すでに憲法の第二条に「世襲のもの」と明示される「皇位」を、「特例法」に基づいて「退位」されるのであるから、「国政に関する権能」の行為ではありえない。むしろ「特例法」に天皇が「退位」したら「皇嗣が、直ちに即位する」と定めてあるのだから、これを「譲位」といって何ら差し支えないと思われる。

■2　新元号の決め方と候補案

さて、新しい元号は、今上陛下が平成三十一年（二〇一九）四月三十日限りで「退位」され、「皇嗣」の皇太子殿下が五月一日「直ちに即位」された後で決められるのであろうか。それは必ずしもそうではない。

前回のように、「崩御」を基因として「皇位の継承があった場合」であっても、あらかじめ秘かに準備が行われている。まして今回のように、退位＝譲位を基因とする皇位継承の場合は、すでに譲位と即位の日が決まっているのであるから、政府が早目に選定し、新元号案として国民に予告することは可能であろう。

現に昨年六月「特例法」を成立させた国会の「付帯決議」に「政府は、本法施行に伴い元号を改める場合……国民生活に支障が生ずることがないよう……万全の配慮を行うこと」という一項がある。それを承けて政府は、今年（平成三十年）のうちに内定する方針だと報じられている。

もちろん、正式には、「元号法」によって、皇位の継承が行われる来年の五月一日に、政府が閣議で「政令」を決定し、それに新天皇の御名「徳仁」と御璽の押印を頂いてから、「官報」に登載しなければならない。

ただ、その場合、新元号の施行日時は、五月一日の午前零時に遡るとすることは可能である。また、その予定を早く新元号案の予告段階から広く知らせることはできる。

ところで、新元号の候補案は、どなたが考案されるのか、またどんな文字に決まるのか、誰しも無関心ではいられないが、原則として事前にわかるはずがない。あえて、前回（ないしそれまで）の例に照らして推測すれば、考案者は人文系の日本学士院会員とか文化功労者クラスの碩学として評価が公認されており、後日もし世に知られても一般の理解がえられるような方であろう。

また、どんな文字が選ばれるかもまったく不明ながら、前回と同様の基準であれば、「国民の理想としてふさわしいようなよい意味を持つもの」であり「漢字二字」「書きやすい」「読みやすい」だけでなく、「典拠」(出典)がなければならないことになる。

その出典として用いられたのは、従来すべて漢籍(中国の古典)であったから、今回もその可能性が高い。漢籍のなかには、哲学・文学だけではなく、歴史書(史記・漢書・後漢書・宋書など)も少くないが、評価の分かれるような人物や事績の記述を避け、伝説的な聖人君子の言動記事から選ばれることが多い。

千年以上前から日本で受容され、熱心に学習された漢籍を出典とする慣習は、一挙に変えられない(変えるべきでない)。

とすれば、むしろ過去に出典つきの年号案として勘申されながら未だ採用に至っていない文字案が何百もあるのだから(巻末付録を参照)、それを活用することを考えてもよいのではないかと思われる。

念のため、既述のとおり、「明治」は十一回目、「大正」は五回目、「平成」も二回目に採用された。出典の佳句も必要であるが、そこから取り出した良い二文字の組み合せとその意味こそ重要なのであるから、未採用案なども参考にして現代にふさわしいものを選び出すことができるかどうか、しばらく注目したい。

■3　上皇の追号となる「平成」

最後に、今上陛下が譲位されると、「特例法」により「上皇陛下」と称されることになる（皇后陛下も「上皇后陛下」となられる）。その時点で両陛下とも八十代半ばであられるが、おそらく十数年以上の長寿を保たれることであろう。

しかし、どれほど高貴な方であっても、永遠ということはありえない。とすれば、上皇陛下の追号（崩御後に贈られる称号）もいずれ必要になろう。

それは往時のような諡号（在位中の治績などを顕彰するような贈り名）ではなく、一世一元の元号を用いられる例が三回も続いているから、同様に「平成」を追号とされるにちがいない。

当然のことながら、元号（公年号）としての「平成」は、三十一年目の四月三十日で終了する。従って、後世その間は「平成時代」と呼ばれることになろう。しかも、その時代に在位された天皇を崩御後に「平成天皇」と称することになる。それほど天皇と元号は一体の関係にあることの重みを、今あらためて実感している。

コラム　元号名を冠した寺院と学校

元号名を冠した寺院をみると、古代には延暦寺や仁和寺に代表されるように、その元号の時の天皇との関係によるものが多い。また創建時の元号に由来する寺院も多い。学校（大学・専門学校）は、ほとんど創立・成立時の元号に由来している。

学校名	創立・改称年
慶応義塾大学	慶応4年（1868）
明治学院大学	明治19年（1886）
明治学園	明治43年（1910）
明治薬科大学	明治39年（1906）
大正大学	大正15年（1926）
昭和学園高等学校	昭和19年（1944）
昭和第一高等学校	昭和4年（1929）
昭和鉄道高等学校	昭和3年（1928）
昭和女子大学	昭和5年（1930）
昭和薬科大学	昭和5年（1930）
昭和学院短期大学	昭和25年（1950）
昭和大学	昭和3年（1928）
昭和音楽大学	昭和59年（1984）
昭和医療技術専門学校	昭和55年（1980）
昭和第一学園高等学校	昭和15年（1940）
平成調理師専門学校	平成3年（1991）
福山平成大学	平成6年（1994）
平成福祉専門学校	平成6年（1994）
帝京平成大学	平成7年（1995）
平成国際大学	平成8年（1996）
埼玉平成高等学校	平成12年（2000）
平成医療学園専門学校	平成13年（2001）
平成音楽大学	平成13年（2001）
済美平成中等教育学校	平成9年（1997）
平成リハビリテーション専門学校	平成18年（2006）
平成医療短期大学	平成21年（2009）
平成淡路看護専門学校	平成27年（2015）

寺院名（五十音順）	創建・改称年	所在地
内山永久寺	永久2年（1114）	奈良県　※現存せず
永正寺	永正元年（1504）	和歌山県
延応寺	延応元年（1239）	兵庫県
延暦寺	延暦7年（788）	滋賀県
応仁寺	応仁2年（1468）	愛知県
嘉祥寺	嘉祥3年（850）	京都府
寛永寺	寛永2年（1625）	東京都
元慶寺	元慶元年（877）	京都府
久安寺	久安元年（1145）	大阪府
永禄寺→京都南蛮寺	永禄4年（1561）	京都府　※現存せず
建長寺	建長5年（1249）	神奈川県
建仁寺	建仁2年（1202）	京都府
元禄寺	元禄元年（1688）	東京都　※現存せず
弘安寺	弘安2年（1279）	福島県
興国寺	興国年間（1340〜1346）	富山県
弘長寺	弘長年間（1261〜1264）	長野県
弘仁寺	弘仁2年（811）	新潟県
弘仁寺	弘仁5年（814）	奈良県
貞観寺	貞観4年（862）	京都府　※現存せず
正暦寺	正暦3年（992）	奈良県
和銅寺→善水寺	和銅年間（708〜715）	滋賀県
大同寺	大同2年（807）	兵庫県
大宝寺	大宝年間（701〜703）	愛媛県松山市
大宝寺	大宝元年（701）	愛媛県久万高原町
長保寺	長保2年（1000）	和歌山県
貞永寺	貞永2年（1233）	静岡県
天喜寺	天喜5年（1057）	岐阜県
天福寺	天福元年（1233）	福岡県
暦応寺→天竜寺	暦応2年（1339）	京都府
仁和寺	仁和4年（888）	京都府
文永寺	文永元年（1264）	長野県
万治寺→万持寺	万治元年（1658）	福島県
明徳寺	明徳年間（1390〜1394）	静岡県

※元号を冠した神社としては、大宝神社（滋賀県栗東市）・大宝八幡宮（茨城県下妻市）・養老神社（岐阜県養老町）・大正宮（愛知県岡崎市）・明治神宮（東京都渋谷区）などがある。

あとがき　――国際社会の紀年法――

以上、八章に分けて日本史上の元号（年号）の在り方を大まかに辿ってきた。最後の部分で今後の新元号にも言及したのは、これが将来にわたり日本的な漢字文化として存続することを、心ひそかに念じているからである。

それに対して、ますますグローバル化の進む国際社会では、いわゆる西暦が多く使われており、日本国内しか通用しない元号（年号）など不便だから廃止すべきだ、という論者がいる。そのような意見は、明治の初めからあり、戦後も声高に主張された。最近は表立って言われないが、マスコミでも日常会話でも西暦の使用が圧倒的に多い。

確かに元号（年号）よりも西暦の方が、前後の対比や内外の比較に便利であり、私も必要に応じて使うケースがふえている。とはいえ、一般に「西暦」と称するが、その本質はキリスト生誕紀元にほかならない。現に歴史の教科書などでも、その紀元前はＢＣ（Before Christ）、紀元後はＡＤ（Anno Domini　ラテン語で「主の年より」の意）と表記される。

従って、世界人口を約七十億とみて、そのうち約二十二億（約三一%）を占めるキリスト教徒には、当然の紀年法である。また約十五億（約二一%）のイスラム教徒や約十億（約一四%）のヒンズー教徒や約四億（約六%）の仏教徒なども、それぞれマホメット聖遷紀元、ヒンズー暦（いろいろあり）、仏陀入滅紀元に基づくことを基本としながら、便宜的にキリスト紀元を併用している。

わが国も西暦を多用する傾向は、ますます強まるであろう。しかし、さりとて今や日本にしかない元号（年号）の文化を捨て去ってよいはずがない。あえて申せば、いかに英語（英米語）が世界の多くで通用するとしても、日本語（漢字・仮名表記の大和言葉）には固有の文化的な意味があり、これからも捨て去ってはならない、というのに近い。

それゆえ、一方でキリスト紀元を〝西暦〟と称し、西洋文明の利器として活用すると共に、他方で元号（年号）を日本化した漢字文化の象徴として日常的に併用（使い分け）することは、十分に意味があろう。もし歴史用語や文学表現から元号（年号）を消し去り、西暦の数字だけに置き換えたら、何とも殺風景になってしまうことであろう。

もちろん、これは元号（年号）に思い入れの強い私の主観であるが、客観的に考えても、それが日本史上に占める重要性は決して小さくない。その歴史的な事実と現代的な意味あいを、多くの読者に本書から感じ取って頂けたら幸いである。

本書は、文春新書編集部の西泰志氏から懇篤な依頼の手紙を頂いてスタートした。途中から同編集部の前島篤志氏が担当され、ゴールまで親切に導いて下さった。

その執筆は、私が立てた構成案に基づき、第一章と第二章の一・二および第六章、第七章、第八章は所、また第二章の三と第三章は久禮旦雄氏、第四章と第五章は吉野健一氏に分担してもらい、ほかに末尾の年表などは橋本富太郎氏の協力を得て、所が全体の調整をはかった。久禮、吉野、橋本の三氏は、数年前（平成二十六年）に出した『日本年号史大事典』（雄山閣）を私と一緒に作り上げてくれた仲間である。これらの方々に心から感謝している。

平成三十年（二〇一八）正月二十五日

所　功

日本公年号年表

本表は、北朝を含む全公年号に該当する西暦、干支、天皇、改元月日を示す。

AD	干支	天皇	年号
645	乙巳	孝徳元	大化元 6/19
646	丙午	〃2	〃2
647	丁未	〃3	〃3
648	戊申	〃4	〃4
649	己酉	〃5	〃5
650	庚戌	〃6	白雉元 2/15
651	辛亥	〃7	〃2
652	壬子	〃8	〃3
653	癸丑	〃9	〃4
654	甲寅	〃10	〃5
655	乙卯	斉明元	
656	丙辰	〃2	
657	丁巳	〃3	
658	戊午	斉明4	
659	己未	〃5	
660	庚申	〃6	
661	**辛酉**	天智元	
662	壬戌	〃2	
663	癸亥	〃3	
664	**甲子**	〃4	
665	乙丑	〃5	
666	丙寅	〃6	
667	丁卯	〃7	
668	戊辰	〃8	
669	己巳	〃9	
670	庚午	〃10	
671	辛未	弘文元	
672	壬申	弘文2	
673	癸酉	天武元	
674	甲戌	〃2	
675	乙亥	〃3	
676	丙子	〃4	
677	丁丑	〃5	
678	戊寅	〃6	
679	己卯	〃7	
680	庚辰	〃8	
681	辛巳	〃9	
682	壬午	〃10	
683	癸未	〃11	
684	甲申	〃12	
685	乙酉	〃13	

686	丙戌	持統元	朱鳥元 7/20
687	丁亥	〃2	(〃2)
688	戊子	〃3	(〃3)
689	己丑	〃4	(〃4)
690	庚寅	〃5	(〃5)
691	辛卯	〃6	
692	壬辰	〃7	
693	癸巳	〃8	
694	甲午	〃9	
695	乙未	〃10	
696	丙申	〃11	
697	丁酉	文武元	
698	戊戌	〃2	
699	己亥	〃3	
700	庚子	〃4	
701	辛丑	〃5	大宝元 3/21
702	壬寅	〃6	〃2
703	癸卯	〃7	〃3
704	甲辰	〃8	慶雲元 5/10

705	乙巳	文武9	慶雲2
706	丙午	〃10	〃3
707	丁未	元明元	〃4
708	戊申	〃2	和銅元 1/11
709	己酉	〃3	〃2
710	庚戌	〃4	〃3
711	辛亥	〃5	〃4
712	壬子	〃6	〃5
713	癸丑	〃7	〃6
714	甲寅	〃8	〃7
715	乙卯	元正元	霊亀元 9/2
716	丙辰	〃2	〃2
717	丁巳	〃3	養老元 11/17
718	戊午	〃4	〃2
719	己未	〃5	〃3
720	庚申	〃6	〃4
721	**辛酉**	〃7	〃5
722	壬戌	〃8	〃6
723	癸亥	〃9	〃7

724	**甲子**	聖武元	神亀元 2/4
725	乙丑	〃2	〃2
726	丙寅	〃3	〃3
727	丁卯	〃4	〃4
728	戊辰	〃5	〃5
729	己巳	〃6	天平元 8/5
730	庚午	〃7	〃2
731	辛未	〃8	〃3
732	壬申	〃9	〃4
733	癸酉	〃10	〃5
734	甲戌	〃11	〃6
735	乙亥	〃12	〃7
736	丙子	〃13	〃8
737	丁丑	〃14	〃9
738	戊寅	〃15	〃10
739	己卯	〃16	〃11
740	庚辰	〃17	〃12
741	辛巳	〃18	〃13
742	壬午	〃19	〃14

AD	干支	天皇	年号
743	癸未	聖武20	天平15
744	甲申	〃21	〃16
745	乙酉	〃22	〃17
746	丙戌	〃23	〃18
747	丁亥	〃24	〃19
748	戊子	〃25	〃20
749	己丑	孝謙元	天平感宝元 4/14 天平勝宝元 7/2
750	庚寅	〃2	〃2
751	辛卯	〃3	〃3
752	壬辰	〃4	〃4
753	癸巳	〃5	〃5
754	甲午	〃6	〃6
755	乙未	〃7	〃7
756	丙申	〃8	〃8
757	丁酉	〃9	天平宝字元 8/18
758	戊戌	淳仁元	〃2
759	己亥	〃2	〃3
760	庚子	淳仁3	天平宝字4
761	辛丑	〃4	〃5
762	壬寅	〃5	〃6
763	癸卯	〃6	〃7
764	甲辰	称徳元	〃8
765	乙巳	〃2	天平神護元 1/7
766	丙午	〃3	〃2
767	丁未	〃4	神護景雲元 8/16
768	戊申	〃5	〃2
769	己酉	〃6	〃3
770	庚戌	光仁元	宝亀元 10/1
771	辛亥	〃2	〃2
772	壬子	〃3	〃3
773	癸丑	〃4	〃4
774	甲寅	〃5	〃5
775	乙卯	〃6	〃6
776	丙辰	〃7	〃7
777	丁巳	〃8	〃8
778	戊午	〃9	〃9
779	己未	光仁10	宝亀10
780	庚申	〃11	〃11
781	**辛酉**	桓武元	天応元 1/1
782	壬戌	〃2	延暦元 8/19
783	癸亥	〃3	〃2
784	**甲子**	〃4	〃3
785	乙丑	〃5	〃4
786	丙寅	〃6	〃5
787	丁卯	〃7	〃6
788	戊辰	〃8	〃7
789	己巳	〃9	〃8
790	庚午	〃10	〃9
791	辛未	〃11	〃10
792	壬申	〃12	〃11
793	癸酉	〃13	〃12
794	甲戌	〃14	〃13
795	乙亥	〃15	〃14
796	丙子	〃16	〃15
797	丁丑	〃17	〃16

798	戊寅	桓武18	延暦17
799	己卯	〃19	〃18
800	庚辰	〃20	〃19
801	辛巳	〃21	〃20
802	壬午	〃22	〃21
803	癸未	〃23	〃22
804	甲申	〃24	〃23
805	乙酉	〃25	〃24
806	丙戌	平城元	大同元 5/18
807	丁亥	〃2	〃2
808	戊子	〃3	〃3
809	己丑	嵯峨元	〃4
810	庚寅	〃2	弘仁元 9/19
811	辛卯	〃3	〃2
812	壬辰	〃4	〃3
813	癸巳	〃5	〃4
814	甲午	〃6	〃5
815	乙未	〃7	〃6
816	丙申	〃8	〃7

817	丁酉	嵯峨9	弘仁8
818	戊戌	〃10	〃9
819	己亥	〃11	〃10
820	庚子	〃12	〃11
821	辛丑	〃13	〃12
822	壬寅	〃14	〃13
823	癸卯	淳和元	〃14
824	甲辰	〃2	天長元 1/5
825	乙巳	〃3	〃2
826	丙午	〃4	〃3
827	丁未	〃5	〃4
828	戊申	〃6	〃5
829	己酉	〃7	〃6
830	庚戌	〃8	〃7
831	辛亥	〃9	〃8
832	壬子	〃10	〃9
833	癸丑	仁明元	〃10
834	甲寅	〃2	承和元 1/3
835	乙卯	〃3	〃2

836	丙辰	仁明4	承和3
837	丁巳	〃5	〃4
838	戊午	〃6	〃5
839	己未	〃7	〃6
840	庚申	〃8	〃7
841	**辛酉**	〃9	〃8
842	壬戌	〃10	〃9
843	癸亥	〃11	〃10
844	**甲子**	〃12	〃11
845	乙丑	〃13	〃12
846	丙寅	〃14	〃13
847	丁卯	〃15	〃14
848	戊辰	〃16	嘉祥元 6/13
849	己巳	〃17	〃2
850	庚午	文徳元	〃3
851	辛未	〃2	仁寿元 4/28
852	壬申	〃3	〃2
853	癸酉	〃4	〃3
854	甲戌	〃5	斉衡元 11/30

AD	干支	天皇	年号
855	乙亥	文徳6	斉衡2
856	丙子	〃7	〃3
857	丁丑	〃8	天安元 2/21
858	戊寅	清和元	〃2
859	己卯	〃2	貞観元 4/15
860	庚辰	〃3	〃2
861	辛巳	〃4	〃3
862	壬午	〃5	〃4
863	癸未	〃6	〃5
864	甲申	〃7	〃6
865	乙酉	〃8	〃7
866	丙戌	〃9	〃8
867	丁亥	〃10	〃9
868	戊子	〃11	〃10
869	己丑	〃12	〃11
870	庚寅	〃13	〃12
871	辛卯	〃14	〃13
872	壬辰	〃15	〃14
873	癸巳	清和16	貞観15
874	甲午	〃17	〃16
875	乙未	〃18	〃17
876	丙申	陽成元	〃18
877	丁酉	〃2	元慶元 4/16
878	戊戌	〃3	〃2
879	己亥	〃4	〃3
880	庚子	〃5	〃4
881	辛丑	〃6	〃5
882	壬寅	〃7	〃6
883	癸卯	〃8	〃7
884	甲辰	光孝元	〃8
885	乙巳	〃2	仁和元 2/21
886	丙午	〃3	〃2
887	丁未	宇多元	〃3
888	戊申	〃2	〃4
889	己酉	〃3	寛平元 4/27
890	庚戌	〃4	〃2
891	辛亥	〃5	〃3
892	壬子	宇多6	寛平4
893	癸丑	〃7	〃5
894	甲寅	〃8	〃6
895	乙卯	〃9	〃7
896	丙辰	〃10	〃8
897	丁巳	醍醐元	〃9
898	戊午	〃2	昌泰元 4/26
899	己未	〃3	〃2
900	庚申	〃4	〃3
901	**辛酉**	〃5	延喜元 7/15
902	壬戌	〃6	〃2
903	癸亥	〃7	〃3
904	**甲子**	〃8	〃4
905	乙丑	〃9	〃5
906	丙寅	〃10	〃6
907	丁卯	〃11	〃7
908	戊辰	〃12	〃8
909	己巳	〃13	〃9
910	庚午	〃14	〃10

公年	干支	天皇	年号
911	辛未	醍醐15	延喜11
912	壬申	〃16	〃12
913	癸酉	〃17	〃13
914	甲戌	〃18	〃14
915	乙亥	〃19	〃15
916	丙子	〃20	〃16
917	丁丑	〃21	〃17
918	戊寅	〃22	〃18
919	己卯	〃23	〃19
920	庚辰	〃24	〃20
921	辛巳	〃25	〃21
922	壬午	〃26	〃22
923	癸未	〃27	延長元閏4/11
924	甲申	〃28	〃2
925	乙酉	〃29	〃3
926	丙戌	〃30	〃4
927	丁亥	〃31	〃5
928	戊子	〃32	〃6
929	己丑	〃33	〃7

公年	干支	天皇	年号
930	庚寅	朱雀元	延長8
931	辛卯	〃2	承平元4/26
932	壬辰	〃3	〃2
933	癸巳	〃4	〃3
934	甲午	〃5	〃4
935	乙未	〃6	〃5
936	丙申	〃7	〃6
937	丁酉	〃8	〃7
938	戊戌	〃9	天慶元5/22
939	己亥	〃10	〃2
940	庚子	〃11	〃3
941	辛丑	〃12	〃4
942	壬寅	〃13	〃5
943	癸卯	〃14	〃6
944	甲辰	〃15	〃7
945	乙巳	〃16	〃8
946	丙午	村上元	〃9
947	丁未	〃2	天暦元4/22
948	戊申	〃3	〃2

公年	干支	天皇	年号
949	己酉	村上4	天暦3
950	庚戌	〃5	〃4
951	辛亥	〃6	〃5
952	壬子	〃7	〃6
953	癸丑	〃8	〃7
954	甲寅	〃9	〃8
955	乙卯	〃10	〃9
956	丙辰	〃11	〃10
957	丁巳	〃12	天徳元10/27
958	戊午	〃13	〃2
959	己未	〃14	〃3
960	庚申	〃15	〃4
961	**辛酉**	〃16	応和元2/16
962	壬戌	〃17	〃2
963	癸亥	〃18	〃3
964	**甲子**	〃19	康保元7/10
965	乙丑	〃20	〃2
966	丙寅	〃21	〃3
967	丁卯	冷泉元	〃4

AD	干支	天皇	年号
968	戊辰	冷泉2	安和元 8/13
969	己巳	円融元	〃2
970	庚午	〃2	天禄元 3/25
971	辛未	〃3	〃2
972	壬申	〃4	〃3
973	癸酉	〃5	天延元 12/20
974	甲戌	〃6	〃2
975	乙亥	〃7	〃3
976	丙子	〃8	貞元元 7/13
977	丁丑	〃9	〃2
978	戊寅	〃10	天元元 11/29
979	己卯	〃11	〃2
980	庚辰	〃12	〃3
981	辛巳	〃13	〃4
982	壬午	〃14	〃5
983	癸未	〃15	永観元 4/15
984	甲申	花山元	〃2
985	乙酉	〃2	寛和元 4/27

AD	干支	天皇	年号
986	丙戌	一条元	寛和2
987	丁亥	〃2	永延元 4/5
988	戊子	〃3	〃2
989	己丑	〃4	永祚元 8/8
990	庚寅	〃5	正暦元 11/7
991	辛卯	〃6	〃2
992	壬辰	〃7	〃3
993	癸巳	〃8	〃4
994	甲午	〃9	〃5
995	乙未	〃10	長徳元 2/22
996	丙申	〃11	〃2
997	丁酉	〃12	〃3
998	戊戌	〃13	〃4
999	己亥	〃14	長保元 1/13
1000	庚子	〃15	〃2
1001	辛丑	〃16	〃3
1002	壬寅	〃17	〃4
1003	癸卯	〃18	〃5
1004	甲辰	〃19	寛弘元 7/20

AD	干支	天皇	年号
1005	乙巳	一条20	寛弘2
1006	丙午	〃21	〃3
1007	丁未	〃22	〃4
1008	戊申	〃23	〃5
1009	己酉	〃24	〃6
1010	庚戌	〃25	〃7
1011	辛亥	三条元	〃8
1012	壬子	〃2	長和元 12/25
1013	癸丑	〃3	〃2
1014	甲寅	〃4	〃3
1015	乙卯	〃5	〃4
1016	丙辰	後一条元	〃5
1017	丁巳	〃2	寛仁元 4/23
1018	戊午	〃3	〃2
1019	己未	〃4	〃3
1020	庚申	〃5	〃4
1021	辛酉	〃6	治安元 2/2
1022	壬戌	〃7	〃2
1023	癸亥	〃8	〃3

1024	甲子	後一条9	万寿元 7/13
1025	乙丑	〃10	〃2
1026	丙寅	〃11	〃3
1027	丁卯	〃12	〃4
1028	戊辰	〃13	長元元 7/25
1029	己巳	〃14	〃2
1030	庚午	〃15	〃3
1031	辛未	〃16	〃4
1032	壬申	〃17	〃5
1033	癸酉	〃18	〃6
1034	甲戌	〃19	〃7
1035	乙亥	〃20	〃8
1036	丙子	後朱雀元	〃9
1037	丁丑	〃2	長暦元 4/21
1038	戊寅	〃3	〃2
1039	己卯	〃4	〃3
1040	庚辰	〃5	長久元 11/10
1041	辛巳	〃6	〃2
1042	壬午	〃7	〃3

1043	癸未	後朱雀8	長久4
1044	甲申	〃9	寛徳元 11/24
1045	乙酉	後冷泉元	〃2
1046	丙戌	〃2	永承元 4/14
1047	丁亥	〃3	〃2
1048	戊子	〃4	〃3
1049	己丑	〃5	〃4
1050	庚寅	〃6	〃5
1051	辛卯	〃7	〃6
1052	壬辰	〃8	〃7
1053	癸巳	〃9	天喜元 1/11
1054	甲午	〃10	〃2
1055	乙未	〃11	〃3
1056	丙申	〃12	〃4
1057	丁酉	〃13	〃5
1058	戊戌	〃14	康平元 8/29
1059	己亥	〃15	〃2
1060	庚子	〃16	〃3
1061	辛丑	〃17	〃4

1062	壬寅	後冷泉18	康平5
1063	癸卯	〃19	〃6
1064	甲辰	〃20	〃7
1065	乙巳	〃21	治暦元 8/2
1066	丙午	〃22	〃2
1067	丁未	〃23	〃3
1068	戊申	後三条元	〃4
1069	己酉	〃2	延久元 4/13
1070	庚戌	〃3	〃2
1071	辛亥	〃4	〃3
1072	壬子	白河元	〃4
1073	癸丑	〃2	〃5
1074	甲寅	〃3	承保元 8/23
1075	乙卯	〃4	〃2
1076	丙辰	〃5	〃3
1077	丁巳	〃6	承暦元 11/17
1078	戊午	〃7	〃2
1079	己未	〃8	〃3
1080	庚申	〃9	〃4

AD	干支	天皇	年号
1081	辛酉	白河10	永保元 2/10
1082	壬戌	〃11	〃2
1083	癸亥	〃12	〃3
1084	甲子	〃13	応徳元 2/7
1085	乙丑	〃14	〃2
1086	丙寅	堀河元	〃3
1087	丁卯	〃2	寛治元 4/7
1088	戊辰	〃3	〃2
1089	己巳	〃4	〃3
1090	庚午	〃5	〃4
1091	辛未	〃6	〃5
1092	壬申	〃7	〃6
1093	癸酉	〃8	〃7
1094	甲戌	〃9	嘉保元 12/15
1095	乙亥	〃10	〃2
1096	丙子	〃11	永長元 12/17
1097	丁丑	〃12	承徳元 11/21
1098	戊寅	〃13	〃2

AD	干支	天皇	年号
1099	己卯	堀河14	康和元 8/28
1100	庚辰	〃15	〃2
1101	辛巳	〃16	〃3
1102	壬午	〃17	〃4
1103	癸未	〃18	〃5
1104	甲申	〃19	長治元 2/10
1105	乙酉	〃20	〃2
1106	丙戌	〃21	嘉承元 4/9
1107	丁亥	鳥羽元	〃2
1108	戊子	〃2	天仁元 8/3
1109	己丑	〃3	〃2
1110	庚寅	〃4	天永元 7/13
1111	辛卯	〃5	〃2
1112	壬辰	〃6	〃3
1113	癸巳	〃7	永久元 7/13
1114	甲午	〃8	〃2
1115	乙未	〃9	〃3
1116	丙申	〃10	〃4
1117	丁酉	〃11	〃5

AD	干支	天皇	年号
1118	戊戌	鳥羽12	元永元 4/3
1119	己亥	〃13	〃2
1120	庚子	〃14	保安元 4/10
1121	辛丑	〃15	〃2
1122	壬寅	〃16	〃3
1123	癸卯	崇徳元	〃4
1124	甲辰	〃2	天治元 4/3
1125	乙巳	〃3	〃2
1126	丙午	〃4	大治元 1/22
1127	丁未	〃5	〃2
1128	戊申	〃6	〃3
1129	己酉	〃7	〃4
1130	庚戌	〃8	〃5
1131	辛亥	〃9	天承元 1/29
1132	壬子	〃10	長承元 8/11
1133	癸丑	〃11	〃2
1134	甲寅	〃12	〃3
1135	乙卯	〃13	保延元 4/27
1136	丙辰	〃14	〃2

1137	丁巳	崇徳15	保延3
1138	戊午	〃16	〃4
1139	己未	〃17	〃5
1140	庚申	〃18	〃6
1141	**辛酉**	近衛元	永治元 7/10
1142	壬戌	〃2	康治元 4/28
1143	癸亥	〃3	〃2
1144	**甲子**	〃4	天養元 2/23
1145	乙丑	〃5	久安元 7/22
1146	丙寅	〃6	〃2
1147	丁卯	〃7	〃3
1148	戊辰	〃8	〃4
1149	己巳	〃9	〃5
1150	庚午	〃10	〃6
1151	辛未	〃11	仁平元 1/26
1152	壬申	〃12	〃2
1153	癸酉	〃13	〃3
1154	甲戌	〃14	久寿元 10/28
1155	乙亥	後白河元	〃2

1156	丙子	後白河2	保元元 4/27
1157	丁丑	〃3	〃2
1158	戊寅	二条元	〃3
1159	己卯	〃2	平治元 4/20
1160	庚辰	〃3	永暦元 1/10
1161	辛巳	〃4	応保元 9/4
1162	壬午	〃5	〃2
1163	癸未	〃6	長寛元 3/29
1164	甲申	〃7	〃2
1165	乙酉	六条元	永万元 6/5
1166	丙戌	〃2	仁安元 8/27
1167	丁亥	〃3	〃2
1168	戊子	高倉元	〃3
1169	己丑	〃2	嘉応元 4/8
1170	庚寅	〃3	〃2
1171	辛卯	〃4	承安元 4/21
1172	壬辰	〃5	〃2
1173	癸巳	〃6	〃3
1174	甲午	〃7	〃4

1175	乙未	高倉8	安元元 7/28
1176	丙申	〃9	〃2
1177	丁酉	〃10	治承元 8/4
1178	戊戌	〃11	〃2
1179	己亥	〃12	〃3
1180	庚子	安徳元	〃4
1181	辛丑	〃2	養和元 7/14
1182	壬寅	〃3	寿永元 5/27
1183	癸卯	後鳥羽元	〃2
1184	甲辰	〃2	元暦元 4/16
1185	乙巳	〃3	文治元 8/14
1186	丙午	〃4	〃2
1187	丁未	〃5	〃3
1188	戊申	〃6	〃4
1189	己酉	〃7	〃5
1190	庚戌	〃8	建久元 4/11
1191	辛亥	〃9	〃2
1192	壬子	〃10	〃3
1193	癸丑	〃11	〃4

AD	干支	天皇	年号
1194	甲寅	後鳥羽12	建久5
1195	乙卯	〃13	〃6
1196	丙辰	〃14	〃7
1197	丁巳	〃15	〃8
1198	戊午	土御門元	〃9
1199	己未	〃2	正治元 4/27
1200	庚申	〃3	〃2
1201	**辛酉**	〃4	建仁元 2/13
1202	壬戌	〃5	〃2
1203	癸亥	〃6	〃3
1204	**甲子**	〃7	元久元 2/20
1205	乙丑	〃8	〃2
1206	丙寅	〃9	建永元 4/27
1207	丁卯	〃10	承元元 10/25
1208	戊辰	〃11	〃2
1209	己巳	〃12	〃3
1210	庚午	順徳元	〃4
1211	辛未	〃2	建暦元 3/9
1212	壬申	順徳3	建暦2
1213	癸酉	〃4	建保元 12/6
1214	甲戌	〃5	〃2
1215	乙亥	〃6	〃3
1216	丙子	〃7	〃4
1217	丁丑	〃8	〃5
1218	戊寅	〃9	〃6
1219	己卯	〃10	承久元 4/12
1220	庚辰	〃11	〃2
1221	辛巳	仲恭元・後堀河元	〃3
1222	壬午	〃2	貞応元 4/13
1223	癸未	〃3	〃2
1224	甲申	〃4	元仁元 11/20
1225	乙酉	〃5	嘉禄元 4/20
1226	丙戌	〃6	〃2
1227	丁亥	〃7	安貞元 12/10
1228	戊子	〃8	〃2
1229	己丑	〃9	寛喜元 3/5
1230	庚寅	後堀河10	寛喜2
1231	辛卯	〃11	〃3
1232	壬辰	四条元	貞永元 4/2
1233	癸巳	〃2	天福元 4/15
1234	甲午	〃3	文暦元 11/5
1235	乙未	〃4	嘉禎元 9/19
1236	丙申	〃5	〃2
1237	丁酉	〃6	〃3
1238	戊戌	〃7	暦仁元 11/23
1239	己亥	〃8	延応元 2/7
1240	庚子	〃9	仁治元 7/16
1241	辛丑	〃10	〃2
1242	壬寅	後嵯峨元	〃3
1243	癸卯	〃2	寛元元 2/26
1244	甲辰	〃3	〃2
1245	乙巳	〃4	〃3
1246	丙午	後深草元	〃4
1247	丁未	〃2	宝治元 2/28
1248	戊申	〃3	〃2

1249	己酉	後深草4	建長元3/18
1250	庚戌	〃5	〃2
1251	辛亥	〃6	〃3
1252	壬子	〃7	〃4
1253	癸丑	〃8	〃5
1254	甲寅	〃9	〃6
1255	乙卯	〃10	〃7
1256	丙辰	〃11	康元元10/5
1257	丁巳	〃12	正嘉元3/14
1258	戊午	〃13	〃2
1259	己未	亀山元	正元元3/26
1260	庚申	〃2	文応元4/13
1261	**辛酉**	〃3	弘長元2/20
1262	壬戌	〃4	〃2
1263	癸亥	〃5	〃3
1264	**甲子**	〃6	文永元2/28
1265	乙丑	〃7	〃2
1266	丙寅	〃8	〃3
1267	丁卯	〃9	〃4

1268	戊辰	亀山10	文永5
1269	己巳	〃11	〃6
1270	庚午	〃12	〃7
1271	辛未	〃13	〃8
1272	壬申	〃14	〃9
1273	癸酉	〃15	〃10
1274	甲戌	後宇多元	〃11
1275	乙亥	〃2	建治元4/25
1276	丙子	〃3	〃2
1277	丁丑	〃4	〃3
1278	戊寅	〃5	弘安元2/29
1279	己卯	〃6	〃2
1280	庚辰	〃7	〃3
1281	辛巳	〃8	〃4
1282	壬午	〃9	〃5
1283	癸未	〃10	〃6
1284	甲申	〃11	〃7
1285	乙酉	〃12	〃8
1286	丙戌	〃13	〃9

1287	丁亥	伏見元	弘安10
1288	戊子	〃2	正応元4/28
1289	己丑	〃3	〃2
1290	庚寅	〃4	〃3
1291	辛卯	〃5	〃4
1292	壬辰	〃6	〃5
1293	癸巳	〃7	永仁元8/5
1294	甲午	〃8	〃2
1295	乙未	〃9	〃3
1296	丙申	〃10	〃4
1297	丁酉	〃11	〃5
1298	戊戌	後伏見元	〃6
1299	己亥	〃2	正安元4/25
1300	庚子	〃3	〃2
1301	辛丑	後二条元	〃3
1302	壬寅	〃2	乾元元11/21
1303	癸卯	〃3	嘉元元8/5
1304	甲辰	〃4	〃2
1305	乙巳	〃5	〃3

AD	干支	天皇	年号
1306	丙午	後二条6	徳治元 12/14
1307	丁未	〃7	〃2
1308	戊申	花園元	延慶元 10/9
1309	己酉	〃2	〃2
1310	庚戌	〃3	〃3
1311	辛亥	〃4	応長元 4/28
1312	壬子	〃5	正和元 3/20
1313	癸丑	〃6	〃2
1314	甲寅	〃7	〃3
1315	乙卯	〃8	〃4
1316	丙辰	〃9	〃5
1317	丁巳	〃10	文保元 2/3
1318	戊午	後醍醐元	〃2
1319	己未	〃2	元応元 4/28
1320	庚申	〃3	〃2
1321	**辛酉**	〃4	元亨元 2/23
1322	壬戌	〃5	〃2
1323	癸亥	〃6	〃3
1324	**甲子**	後醍醐7	正中元 12/9
1325	乙丑	〃8	〃2
1326	丙寅	〃9	嘉暦元 4/26
1327	丁卯	〃10	〃2
1328	戊辰	〃11	〃3
1329	己巳	〃12	元徳元 8/29
1330	庚午	〃13	〃2
1331	辛未	〃14 北・光厳元	元弘元 8/9 元徳3
1332	壬申	〃15 〃2	〃2 正慶元 4/28
1333	癸酉	〃16 〃3	〃3 〃2
1334	甲戌	〃17	建武元 1/29
1335	乙亥	〃18	〃2
1336	丙子	〃19 光明元	延元元 2/29 〃3
1337	丁丑	〃20 〃2	〃2 〃4
1338	戊寅	後醍醐21 光明3	延元3 暦応元 8/28
1339	己卯	後村上元 〃4	〃4 〃2
1340	庚辰	〃2 〃5	興国元 4/28 〃3
1341	辛巳	〃3 〃6	〃2 〃4
1342	壬午	〃4 〃7	〃3 康永元 4/27
1343	癸未	〃5 〃8	〃4 〃2
1344	甲申	〃6 〃9	〃5 〃3
1345	乙酉	〃7 〃10	〃6 貞和元 10/21
1346	丙戌	〃8 〃11	正平元 12/8 〃2
1347	丁亥	〃9 〃12	〃2 〃3

西暦	干支	天皇（南 / 北）	年号（南 / 北）
1348	戊子	後村上10 / 崇光元	正平3 / 貞和4
1349	己丑	〃11 / 〃2	〃4 / 〃5
1350	庚寅	〃12 / 〃3	〃5 / 観応元 2/27
1351	辛卯	〃13 / 〃4	〃6 / 〃2
1352	壬辰	〃14 / 後光厳元	〃7 / 文和元 9/27
1353	癸巳	〃15 / 〃2	〃8 / 〃2
1354	甲午	〃16 / 〃3	〃9 / 〃3
1355	乙未	〃17 / 〃4	〃10 / 〃4
1356	丙申	〃18 / 〃5	〃11 / 延文元 3/28
1357	丁酉	〃19 / 〃6	〃12 / 〃2

西暦	干支	天皇（南 / 北）	年号（南 / 北）
1358	戊戌	後村上20 / 後光厳7	正平13 / 延文3
1359	己亥	〃21 / 〃8	〃14 / 〃4
1360	庚子	〃22 / 〃9	〃15 / 〃5
1361	辛丑	〃23 / 〃10	〃16 / 康安元 3/29
1362	壬寅	〃24 / 〃11	〃17 / 貞治元 9/23
1363	癸卯	〃25 / 〃12	〃18 / 〃2
1364	甲辰	〃26 / 〃13	〃19 / 〃3
1365	乙巳	〃27 / 〃14	〃20 / 〃4
1366	丙午	〃28 / 〃15	〃21 / 〃5
1367	丁未	〃29 / 〃16	〃22 / 〃6

西暦	干支	天皇（南 / 北）	年号（南 / 北）
1368	戊申	長慶元 / 後光厳17	正平23 / 応安元 2/18
1369	己酉	〃2 / 〃18	〃24 / 〃2
1370	庚戌	〃3 / 〃19	建徳元 2/5以前 / 〃3
1371	辛亥	〃4 / 後円融元	〃2 / 〃4
1372	壬子	〃5 / 〃2	文中元 4/– / 〃5
1373	癸丑	〃6 / 〃3	〃2 / 〃6
1374	甲寅	〃7 / 〃4	〃3 / 〃7
1375	乙卯	〃8 / 〃5	天授元 5/27 / 永和元 2/27
1376	丙辰	〃9 / 〃6	〃2 / 〃2
1377	丁巳	〃10 / 〃7	〃3 / 〃3

AD	干支	天皇	年号
1378	戊午	長慶11 後円融8	天授4 永和4
1379	己未	〃12 〃9	〃5 康暦元 3/22
1380	庚申	〃13 〃10	〃6 〃2
1381	辛酉	〃14 〃11	弘和元 6/21以前 永徳元 2/24
1382	壬戌	〃15 後小松元	〃2 〃2
1383	癸亥	後亀山元 〃2	〃3 〃3
1384	甲子	〃2 〃3	元中元 11/5以前 至徳元 2/27
1385	乙丑	〃3 〃4	〃2 〃2
1386	丙寅	〃4 〃5	〃3 〃3

AD	干支	天皇	年号
1387	丁卯	後亀山5 後小松6	元中4 嘉慶元 8/23
1388	戊辰	〃6 〃7	〃5 〃2
1389	己巳	〃7 〃8	〃6 康応元 2/9
1390	庚午	〃8 〃9	〃7 明徳元 3/26
1391	辛未	〃9 〃10	〃8 〃2
1392	壬申	〃10 〃11	〃9 〃3
1393	癸酉	後小松12	明徳4
1394	甲戌	〃13	応永元 7/5
1395	乙亥	〃14	〃2
1396	丙子	〃15	〃3
1397	丁丑	〃16	〃4
1398	戊寅	〃17	〃5
1399	己卯	〃18	〃6
1400	庚辰	〃19	〃7

AD	干支	天皇	年号
1401	辛巳	後小松20	応永8
1402	壬午	〃21	〃9
1403	癸未	〃22	〃10
1404	甲申	〃23	〃11
1405	乙酉	〃24	〃12
1406	丙戌	〃25	〃13
1407	丁亥	〃26	〃14
1408	戊子	〃27	〃15
1409	己丑	〃28	〃16
1410	庚寅	〃29	〃17
1411	辛卯	〃30	〃18
1412	壬辰	称光元	〃19
1413	癸巳	〃2	〃20
1414	甲午	〃3	〃21
1415	乙未	〃4	〃22
1416	丙申	〃5	〃23
1417	丁酉	〃6	〃24
1418	戊戌	〃7	〃25
1419	己亥	〃8	〃26

1420	庚子	称光9	応永27
1421	辛丑	〃10	〃28
1422	壬寅	〃11	〃29
1423	癸卯	〃12	〃30
1424	甲辰	〃13	〃31
1425	乙巳	〃14	〃32
1426	丙午	〃15	〃33
1427	丁未	〃16	〃34
1428	戊申	後花園元	正長元 4/27
1429	己酉	〃2	永享元 9/5
1430	庚戌	〃3	〃2
1431	辛亥	〃4	〃3
1432	壬子	〃5	〃4
1433	癸丑	〃6	〃5
1434	甲寅	〃7	〃6
1435	乙卯	〃8	〃7
1436	丙辰	〃9	〃8
1437	丁巳	〃10	〃9
1438	戊午	〃11	〃10
1439	己未	後花園12	永享11
1440	庚申	〃13	〃12
1441	辛酉	〃14	嘉吉元 2/17
1442	壬戌	〃15	〃2
1443	癸亥	〃16	〃3
1444	甲子	〃17	文安元 2/5
1445	乙丑	〃18	〃2
1446	丙寅	〃19	〃3
1447	丁卯	〃20	〃4
1448	戊辰	〃21	〃5
1449	己巳	〃22	宝徳元 7/28
1450	庚午	〃23	〃2
1451	辛未	〃24	〃3
1452	壬申	〃25	享徳元 7/25
1453	癸酉	〃26	〃2
1454	甲戌	〃27	〃3
1455	乙亥	〃28	康正元 7/25
1456	丙子	〃29	〃2
1457	丁丑	〃30	長禄元 9/28
1458	戊寅	後花園31	長禄2
1459	己卯	〃32	〃3
1460	庚辰	〃33	寛正元 12/21
1461	辛巳	〃34	〃2
1462	壬午	〃35	〃3
1463	癸未	〃36	〃4
1464	甲申	後土御門元	〃5
1465	乙酉	〃2	〃6
1466	丙戌	〃3	文正元 2/28
1467	丁亥	〃4	応仁元 3/5
1468	戊子	〃5	〃2
1469	己丑	〃6	文明元 4/28
1470	庚寅	〃7	〃2
1471	辛卯	〃8	〃3
1472	壬辰	〃9	〃4
1473	癸巳	〃10	〃5
1474	甲午	〃11	〃6
1475	乙未	〃12	〃7
1476	丙申	〃13	〃8

AD	干支	天皇	年号
1477	丁酉	後土御門14	文明9
1478	戊戌	〃15	〃10
1479	己亥	〃16	〃11
1480	庚子	〃17	〃12
1481	辛丑	〃18	〃13
1482	壬寅	〃19	〃14
1483	癸卯	〃20	〃15
1484	甲辰	〃21	〃16
1485	乙巳	〃22	〃17
1486	丙午	〃23	〃18
1487	丁未	〃24	長享元 7/20
1488	戊申	〃25	〃2
1489	己酉	〃26	延徳元 8/21
1490	庚戌	〃27	〃2
1491	辛亥	〃28	〃3
1492	壬子	〃29	明応元 7/19
1493	癸丑	〃30	〃2
1494	甲寅	〃31	〃3
1495	乙卯	後土御門32	明応4
1496	丙辰	〃33	〃5
1497	丁巳	〃34	〃6
1498	戊午	〃35	〃7
1499	己未	〃36	〃8
1500	庚申	後柏原元	〃9
1501	**辛酉**	〃2	文亀元 2/29
1502	壬戌	〃3	〃2
1503	癸亥	〃4	〃3
1504	**甲子**	〃5	永正元 2/30
1505	乙丑	〃6	〃2
1506	丙寅	〃7	〃3
1507	丁卯	〃8	〃4
1508	戊辰	〃9	〃5
1509	己巳	〃10	〃6
1510	庚午	〃11	〃7
1511	辛未	〃12	〃8
1512	壬申	〃13	〃9
1513	癸酉	〃14	〃10
1514	甲戌	後柏原15	永正11
1515	乙亥	〃16	〃12
1516	丙子	〃17	〃13
1517	丁丑	〃18	〃14
1518	戊寅	〃19	〃15
1519	己卯	〃20	〃16
1520	庚辰	〃21	〃17
1521	辛巳	〃22	大永元 8/23
1522	壬午	〃23	〃2
1523	癸未	〃24	〃3
1524	甲申	〃25	〃4
1525	乙酉	〃26	〃5
1526	丙戌	後奈良元	〃6
1527	丁亥	〃2	〃7
1528	戊子	〃3	享禄元 8/20
1529	己丑	〃4	〃2
1530	庚寅	〃5	〃3
1531	辛卯	〃6	〃4
1532	壬辰	〃7	天文元 7/29

1533	癸巳	後奈良8	天文2
1534	甲午	〃9	〃3
1535	乙未	〃10	〃4
1536	丙申	〃11	〃5
1537	丁酉	〃12	〃6
1538	戊戌	〃13	〃7
1539	己亥	〃14	〃8
1540	庚子	〃15	〃9
1541	辛丑	〃16	〃10
1542	壬寅	〃17	〃11
1543	癸卯	〃18	〃12
1544	甲辰	〃19	〃13
1545	乙巳	〃20	〃14
1546	丙午	〃21	〃15
1547	丁未	〃22	〃16
1548	戊申	〃23	〃17
1549	己酉	〃24	〃18
1550	庚戌	〃25	〃19
1551	辛亥	〃26	〃20

1552	壬子	後奈良27	天文21
1553	癸丑	〃28	〃22
1554	甲寅	〃29	〃23
1555	乙卯	〃30	弘治元 10/23
1556	丙辰	〃31	〃2
1557	丁巳	正親町元	〃3
1558	戊午	〃2	永禄元 2/28
1559	己未	〃3	〃2
1560	庚申	〃4	〃3
1561	**辛酉**	〃5	〃4
1562	壬戌	〃6	〃5
1563	癸亥	〃7	〃6
1564	**甲子**	〃8	〃7
1565	乙丑	〃9	〃8
1566	丙寅	〃10	〃9
1567	丁卯	〃11	〃10
1568	戊辰	〃12	〃11
1569	己巳	〃13	〃12
1570	庚午	〃14	元亀元 4/23

1571	辛未	正親町15	元亀2
1572	壬申	〃16	〃3
1573	癸酉	〃17	天正元 7/28
1574	甲戌	〃18	〃2
1575	乙亥	〃19	〃3
1576	丙子	〃20	〃4
1577	丁丑	〃21	〃5
1578	戊寅	〃22	〃6
1579	己卯	〃23	〃7
1580	庚辰	〃24	〃8
1581	辛巳	〃25	〃9
1582	壬午	〃26	〃10
1583	癸未	〃27	〃11
1584	甲申	〃28	〃12
1585	乙酉	〃29	〃13
1586	丙戌	後陽成元	〃14
1587	丁亥	〃2	〃15
1588	戊子	〃3	〃16
1589	己丑	〃4	〃17

AD	干支	天皇	年号
1590	庚寅	後陽成5	天正18
1591	辛卯	〃6	〃19
1592	壬辰	〃7	文禄元 12/8
1593	癸巳	〃8	〃2
1594	甲午	〃9	〃3
1595	乙未	〃10	〃4
1596	丙申	〃11	慶長元 10/27
1597	丁酉	〃12	〃2
1598	戊戌	〃13	〃3
1599	己亥	〃14	〃4
1600	庚子	〃15	〃5
1601	辛丑	〃16	〃6
1602	壬寅	〃17	〃7
1603	癸卯	〃18	〃8
1604	甲辰	〃19	〃9
1605	乙巳	〃20	〃10
1606	丙午	〃21	〃11
1607	丁未	〃22	〃12

AD	干支	天皇	年号
1608	戊申	後陽成23	慶長13
1609	己酉	〃24	〃14
1610	庚戌	〃25	〃15
1611	辛亥	後水尾元	〃16
1612	壬子	〃2	〃17
1613	癸丑	〃3	〃18
1614	甲寅	〃4	〃19
1615	乙卯	〃5	元和元 7/13
1616	丙辰	〃6	〃2
1617	丁巳	〃7	〃3
1618	戊午	〃8	〃4
1619	己未	〃9	〃5
1620	庚申	〃10	〃6
1621	**辛酉**	〃11	〃7
1622	壬戌	〃12	〃8
1623	癸亥	〃13	〃9
1624	**甲子**	〃14	寛永元 2/30
1625	乙丑	〃15	〃2
1626	丙寅	〃16	〃3

AD	干支	天皇	年号
1627	丁卯	後水尾17	寛永4
1628	戊辰	〃18	〃5
1629	己巳	明正元	〃6
1630	庚午	〃2	〃7
1631	辛未	〃3	〃8
1632	壬申	〃4	〃9
1633	癸酉	〃5	〃10
1634	甲戌	〃6	〃11
1635	乙亥	〃7	〃12
1636	丙子	〃8	〃13
1637	丁丑	〃9	〃14
1638	戊寅	〃10	〃15
1639	己卯	〃11	〃16
1640	庚辰	〃12	〃17
1641	辛巳	〃13	〃18
1642	壬午	〃14	〃19
1643	癸未	後光明元	〃20
1644	甲申	〃2	正保元 12/16
1645	乙酉	〃3	〃2

1646	1647	1648	1649	1650	1651	1652	1653	1654	1655	1656	1657	1658	1659	1660	1661	1662	1663	1664
丙戌	丁亥	戊子	己丑	庚寅	辛卯	壬辰	癸巳	甲午	乙未	丙申	丁酉	戊戌	己亥	庚子	辛丑	壬寅	癸卯	甲辰
後光明4	〃5	〃6	〃7	〃8	〃9	〃10	〃11	後西元	〃2	〃3	〃4	〃5	〃6	〃7	〃8	〃9	霊元元	〃2
正保3	〃4	慶安元 2/15	〃2	〃3	〃4	承応元 9/18	〃2	〃3	明暦元 4/13	〃2	〃3	万治元 7/23	〃2	〃3	寛文元 4/25	〃2	〃3	〃4

1665	1666	1667	1668	1669	1670	1671	1672	1673	1674	1675	1676	1677	1678	1679	1680	1681	1682	1683
乙巳	丙午	丁未	戊申	己酉	庚戌	辛亥	壬子	癸丑	甲寅	乙卯	丙辰	丁巳	戊午	己未	庚申	**辛酉**	壬戌	癸亥
霊元3	〃4	〃5	〃6	〃7	〃8	〃9	〃10	〃11	〃12	〃13	〃14	〃15	〃16	〃17	〃18	〃19	〃20	〃21
寛文5	〃6	〃7	〃8	〃9	〃10	〃11	〃12	延宝元 9/21	〃2	〃3	〃4	〃5	〃6	〃7	〃8	天和元 9/29	〃2	〃3

1684	1685	1686	1687	1688	1689	1690	1691	1692	1693	1694	1695	1696	1697	1698	1699	1700	1701	1702
甲子	乙丑	丙寅	丁卯	戊辰	己巳	庚午	辛未	壬申	癸酉	甲戌	乙亥	丙子	丁丑	戊寅	己卯	庚辰	辛巳	壬午
霊元22	〃23	〃24	東山元	〃2	〃3	〃4	〃5	〃6	〃7	〃8	〃9	〃10	〃11	〃12	〃13	〃14	〃15	〃16
貞享元 2/21	〃2	〃3	〃4	元禄元 9/30	〃2	〃3	〃4	〃5	〃6	〃7	〃8	〃9	〃10	〃11	〃12	〃13	〃14	〃15

AD	干支	天皇	年号
1703	癸未	東山17	元禄16
1704	甲申	〃18	宝永元 3/13
1705	乙酉	〃19	〃2
1706	丙戌	〃20	〃3
1707	丁亥	〃21	〃4
1708	戊子	〃22	〃5
1709	己丑	中御門元	〃6
1710	庚寅	〃2	〃7
1711	辛卯	〃3	正徳元 4/25
1712	壬辰	〃4	〃2
1713	癸巳	〃5	〃3
1714	甲午	〃6	〃4
1715	乙未	〃7	〃5
1716	丙申	〃8	享保元 6/22
1717	丁酉	〃9	〃2
1718	戊戌	〃10	〃3
1719	己亥	〃11	〃4
1720	庚子	〃12	〃5
1721	辛丑	中御門13	享保6
1722	壬寅	〃14	〃7
1723	癸卯	〃15	〃8
1724	甲辰	〃16	〃9
1725	乙巳	〃17	〃10
1726	丙午	〃18	〃11
1727	丁未	〃19	〃12
1728	戊申	〃20	〃13
1729	己酉	〃21	〃14
1730	庚戌	〃22	〃15
1731	辛亥	〃23	〃16
1732	壬子	〃24	〃17
1733	癸丑	〃25	〃18
1734	甲寅	〃26	〃19
1735	乙卯	桜町元	〃20
1736	丙辰	〃2	元文元 4/28
1737	丁巳	〃3	〃2
1738	戊午	〃4	〃3
1739	己未	〃5	〃4
1740	庚申	桜町6	元文5
1741	**辛酉**	〃7	寛保元 2/27
1742	壬戌	〃8	〃2
1743	癸亥	〃9	〃3
1744	**甲子**	〃10	延享元 2/21
1745	乙丑	〃11	〃2
1746	丙寅	〃12	〃3
1747	丁卯	桃園元	〃4
1748	戊辰	〃2	寛延元 7/12
1749	己巳	〃3	〃2
1750	庚午	〃4	〃3
1751	辛未	〃5	宝暦元 10/27
1752	壬申	〃6	〃2
1753	癸酉	〃7	〃3
1754	甲戌	〃8	〃4
1755	乙亥	〃9	〃5
1756	丙子	〃10	〃6
1757	丁丑	〃11	〃7
1758	戊寅	〃12	〃8

1777	1776	1775	1774	1773	1772	1771	1770	1769	1768	1767	1766	1765	1764	1763	1762	1761	1760	1759
丁酉	丙申	乙未	甲午	癸巳	壬辰	辛卯	庚寅	己丑	戊子	丁亥	丙戌	乙酉	甲申	癸未	壬午	辛巳	庚辰	己卯
〃8	〃7	〃6	〃5	〃4	〃3	〃2	後桃園元	〃8	〃7	〃6	〃5	〃4	〃3	〃2	後桜町元	〃15	〃14	桃園13
〃6	〃5	〃4	〃3	〃2	安永元 11/16	〃8	〃7	〃6	〃5	〃4	〃3	〃2	明和元 6/2	〃13	〃12	〃11	〃10	宝暦9

1796	1795	1794	1793	1792	1791	1790	1789	1788	1787	1786	1785	1784	1783	1782	1781	1780	1779	1778
丙辰	乙卯	甲寅	癸丑	壬子	辛亥	庚戌	己酉	戊申	丁未	丙午	乙巳	甲辰	癸卯	壬寅	辛丑	庚子	己亥	戊戌
〃18	〃17	〃16	〃15	〃14	〃13	〃12	〃11	〃10	〃9	〃8	〃7	〃6	〃5	〃4	〃3	〃2	光格元	後桃園9
〃8	〃7	〃6	〃5	〃4	〃3	〃2	寛政元 1/25	〃8	〃7	〃6	〃5	〃4	〃3	〃2	天明元 4/2	〃9	〃8	安永7

1815	1814	1813	1812	1811	1810	1809	1808	1807	1806	1805	1804	1803	1802	1801	1800	1799	1798	1797
乙亥	甲戌	癸酉	壬申	辛未	庚午	己巳	戊辰	丁卯	丙寅	乙丑	**甲子**	癸亥	壬戌	**辛酉**	庚申	己未	戊午	丁巳
〃37	〃36	〃35	〃34	〃33	〃32	〃31	〃30	〃29	〃28	〃27	〃26	〃25	〃24	〃23	〃22	〃21	〃20	光格19
〃12	〃11	〃10	〃9	〃8	〃7	〃6	〃5	〃4	〃3	〃2	文化元 2/11	〃3	〃2	享和元 2/5	〃12	〃11	〃10	寛政9

AD	干支	天皇	年号
1816	丙子	光格38	文化13
1817	丁丑	仁孝元	〃14
1818	戊寅	〃2	文政元 4/22
1819	己卯	〃3	〃2
1820	庚辰	〃4	〃3
1821	辛巳	〃5	〃4
1822	壬午	〃6	〃5
1823	癸未	〃7	〃6
1824	甲申	〃8	〃7
1825	乙酉	〃9	〃8
1826	丙戌	〃10	〃9
1827	丁亥	〃11	〃10
1828	戊子	〃12	〃11
1829	己丑	〃13	〃12
1830	庚寅	〃14	天保元 12/10
1831	辛卯	〃15	〃2
1832	壬辰	〃16	〃3
1833	癸巳	〃17	〃4
1834	甲午	仁孝18	天保5
1835	乙未	〃19	〃6
1836	丙申	〃20	〃7
1837	丁酉	〃21	〃8
1838	戊戌	〃22	〃9
1839	己亥	〃23	〃10
1840	庚子	〃24	〃11
1841	辛丑	〃25	〃12
1842	壬寅	〃26	〃13
1843	癸卯	〃27	〃14
1844	甲辰	〃28	弘化元 12/2
1845	乙巳	〃29	〃2
1846	丙午	孝明元	〃3
1847	丁未	〃2	〃4
1848	戊申	〃3	嘉永元 2/28
1849	己酉	〃4	〃2
1850	庚戌	〃5	〃3
1851	辛亥	〃6	〃4
1852	壬子	〃7	〃5
1853	癸丑	孝明8	嘉永6
1854	甲寅	〃9	安政元 11/27
1855	乙卯	〃10	〃2
1856	丙辰	〃11	〃3
1857	丁巳	〃12	〃4
1858	戊午	〃13	〃5
1859	己未	〃14	〃6
1860	庚申	〃15	万延元 3/18
1861	**辛酉**	〃16	文久元 2/19
1862	壬戌	〃17	〃2
1863	癸亥	〃18	〃3
1864	**甲子**	〃19	元治元 2/20
1865	乙丑	〃20	慶応元 4/7
1866	丙寅	〃21	〃2
1867	丁卯	明治元	〃3
1868	戊辰	〃2	明治元 9/8
1869	己巳	〃3	〃2
1870	庚午	〃4	〃3
1871	辛未	〃5	〃4

日本公年号年表

1872	壬申	明治6	明治5
1873	癸酉	〃7	〃6
1874	甲戌	〃8	〃7
1875	乙亥	〃9	〃8
1876	丙子	〃10	〃9
1877	丁丑	〃11	〃10
1878	戊寅	〃12	〃11
1879	己卯	〃13	〃12
1880	庚辰	〃14	〃13
1881	辛巳	〃15	〃14
1882	壬午	〃16	〃15
1883	癸未	〃17	〃16
1884	甲申	〃18	〃17
1885	乙酉	〃19	〃18
1886	丙戌	〃20	〃19
1887	丁亥	〃21	〃20
1888	戊子	〃22	〃21
1889	己丑	〃23	〃22
1890	庚寅	〃24	〃23
1891	辛卯	明治25	明治24
1892	壬辰	〃26	〃25
1893	癸巳	〃27	〃26
1894	甲午	〃28	〃27
1895	乙未	〃29	〃28
1896	丙申	〃30	〃29
1897	丁酉	〃31	〃30
1898	戊戌	〃32	〃31
1899	己亥	〃33	〃32
1900	庚子	〃34	〃33
1901	辛丑	〃35	〃34
1902	壬寅	〃36	〃35
1903	癸卯	〃37	〃36
1904	甲辰	〃38	〃37
1905	乙巳	〃39	〃38
1906	丙午	〃40	〃39
1907	丁未	〃41	〃40
1908	戊申	〃42	〃41
1909	己酉	〃43	〃42
1910	庚戌	明治44	明治43
1911	辛亥	〃45	〃44
1912	壬子	大正元	大正元 7/30
1913	癸丑	〃2	〃2
1914	甲寅	〃3	〃3
1915	乙卯	〃4	〃4
1916	丙辰	〃5	〃5
1917	丁巳	〃6	〃6
1918	戊午	〃7	〃7
1919	己未	〃8	〃8
1920	庚申	〃9	〃9
1921	**辛酉**	〃10	〃10
1922	壬戌	〃11	〃11
1923	癸亥	〃12	〃12
1924	**甲子**	〃13	〃13
1925	乙丑	〃14	〃14
1926	丙寅	昭和元	昭和元 12/25
1927	丁卯	〃2	〃2
1928	戊辰	〃3	〃3

AD	干支	天皇	年号
1929	己巳	昭和4	昭和4
1930	庚午	〃5	〃5
1931	辛未	〃6	〃6
1932	壬申	〃7	〃7
1933	癸酉	〃8	〃8
1934	甲戌	〃9	〃9
1935	乙亥	〃10	〃10
1936	丙子	〃11	〃11
1937	丁丑	〃12	〃12
1938	戊寅	〃13	〃13
1939	己卯	〃14	〃14
1940	庚辰	〃15	〃15
1941	辛巳	〃16	〃16
1942	壬午	〃17	〃17
1943	癸未	〃18	〃18
1944	甲申	〃19	〃19
1945	乙酉	〃20	〃20
1946	丙戌	〃21	〃21
1947	丁亥	昭和22	昭和22
1948	戊子	〃23	〃23
1949	己丑	〃24	〃24
1950	庚寅	〃25	〃25
1951	辛卯	〃26	〃26
1952	壬辰	〃27	〃27
1953	癸巳	〃28	〃28
1954	甲午	〃29	〃29
1955	乙未	〃30	〃30
1956	丙申	〃31	〃31
1957	丁酉	〃32	〃32
1958	戊戌	〃33	〃33
1959	己亥	〃34	〃34
1960	庚子	〃35	〃35
1961	辛丑	〃36	〃36
1962	壬寅	〃37	〃37
1963	癸卯	〃38	〃38
1964	甲辰	〃39	〃39
1965	乙巳	〃40	〃40
1966	丙午	昭和41	昭和41
1967	丁未	〃42	〃42
1968	戊申	〃43	〃43
1969	己酉	〃44	〃44
1970	庚戌	〃45	〃45
1971	辛亥	〃46	〃46
1972	壬子	〃47	〃47
1973	癸丑	〃48	〃48
1974	甲寅	〃49	〃49
1975	乙卯	〃50	〃50
1976	丙辰	〃51	〃51
1977	丁巳	〃52	〃52
1978	戊午	〃53	〃53
1979	己未	〃54	〃54
1980	庚申	〃55	〃55
1981	**辛酉**	〃56	〃56
1982	壬戌	〃57	〃57
1983	癸亥	〃58	〃58
1984	**甲子**	〃59	〃59

日本公年号年表

1985	乙丑	昭和60	昭和60
1986	丙寅	〃61	〃61
1987	丁卯	〃62	〃62
1988	戊辰	〃63	〃63
1989	己巳	今上元	平成元 1/8
1990	庚午	〃2	〃2
1991	辛未	〃3	〃3
1992	壬申	〃4	〃4
1993	癸酉	〃5	〃5
1994	甲戌	〃6	〃6
1995	乙亥	〃7	〃7
1996	丙子	〃8	〃8
1997	丁丑	〃9	〃9
1998	戊寅	〃10	〃10
1999	己卯	〃11	〃11
2000	庚辰	〃12	〃12
2001	辛巳	〃13	〃13
2002	壬午	〃14	〃14
2003	癸未	〃15	〃15
2004	甲申	今上16	平成16
2005	乙酉	〃17	〃17
2006	丙戌	〃18	〃18
2007	丁亥	〃19	〃19
2008	戊子	〃20	〃20
2009	己丑	〃21	〃21
2010	庚寅	〃22	〃22
2011	辛卯	〃23	〃23
2012	壬辰	〃24	〃24
2013	癸巳	〃25	〃25
2014	甲午	〃26	〃26
2015	乙未	〃27	〃27
2016	丙申	〃28	〃28
2017	丁酉	〃29	〃29
2018	戊戌	〃30	〃30
2019	己亥	〃31	〃31
2020	庚子		

年号	西暦
正和	1312
昌泰	898
承安	1171
承応	1652
承久	1219
承元	1207
承徳	1097
承平	931
承保	1074
承暦	1077
承和	834
昭和	1926
貞永	1232
貞応	1222
貞観	859
貞享	1684
貞元	976
貞治	1362
貞和	1345
神亀	724
神護景雲	767
タ行	
大永	1521
大化	645
大治	1126
大正	1912
大同	806
大宝	701
治安	1021
治承	1177
治暦	1065
長寛	1163
長久	1040
長享	1487
長元	1028
長治	1104
長承	1132
長徳	995
長保	999
長暦	1037
長禄	1457
長和	1012
天安	857
天永	1110
天延	973
天応	781
天喜	1053
天慶	938
天元	978
天治	1124
天授	1375
天正	1573
天承	1131
天長	824
天徳	957
天和	1681
天仁	1108
天平	729
天平感宝	749
天平勝宝	749
天平神護	765
天平宝字	757
天福	1233
天文	1532
天保	1830
天明	1781
天養	1144
天暦	947
天禄	970
徳治	1306
ナ行	
仁安	1166
仁治	1240
仁寿	851
仁和	885
仁平	1151
ハ行	
白雉	650
文安	1444
文永	1264
文応	1260
文化	1804
文亀	1501
文久	1861
文治	1185
文正	1466
文政	1818
文中	1372
文保	1317
文明	1469
文暦	1234
文禄	1592
文和	1352
平治	1159
平成	1989
保安	1120
保延	1135
保元	1156
宝永	1704
宝亀	770
宝治	1247
宝徳	1449
宝暦	1751
マ行	
万延	1860
万治	1658
万寿	1024
明応	1492
明治	1868
明徳	1390
明暦	1655
明和	1764
ヤ・ラ・ワ行	
養老	717
養和	1181
暦応	1338
暦仁	1238
霊亀	715
和銅	708

漢字は現行字体。このうち応は應、観は觀、亀は龜、国は國、寿は壽、斉は齊、徳は德、宝は寶、万は萬、暦は曆、霊は靈、の略字体。部首も艹は⺿、礻は示の新字形。年号の読み方については諸説あるが、例えば「治承」は「ぢしょう」とした。

日本の公年号索引

数字は改元年の西暦

年号	西暦
ア行	
安永	1772
安元	1175
安政	1854
安貞	1227
安和	968
永延	987
永観	983
永久	1113
永享	1429
永治	1141
永正	1504
永承	1046
永祚	989
永長	1096
永徳	1381
永仁	1293
永保	1081
永万	1165
永暦	1160
永禄	1558
永和	1375
延応	1239
延喜	901
延久	1069
延享	1744
延慶	1308
延元	1336
延長	923
延徳	1489
延文	1356
延宝	1673
延暦	782
応安	1368
応永	1394
応長	1311
応徳	1084
応仁	1467
応保	1161
応和	961
カ行	
嘉永	1848
嘉応	1169
嘉吉	1441
嘉慶	1387
嘉元	1303
嘉承	1106
嘉祥	848
嘉禎	1235
嘉保	1094
嘉暦	1326
嘉禄	1225
寛永	1624
寛延	1748
寛喜	1229
寛元	1243
寛弘	1004
寛正	1460
寛政	1789
寛治	1087
寛徳	1044
寛和	985
寛仁	1017
寛平	889
寛文	1661
寛保	1741
観応	1350
久安	1145
久寿	1154
享徳	1452
享保	1716
享禄	1528
享和	1801
慶安	1648
慶雲	704
慶応	1865
慶長	1596
建永	1206
建久	1190
建治	1275
建長	1249
建徳	1370
建仁	1201
建保	1213
建武	1334
建暦	1211
乾元	1302
元永	1118
元応	1319
元亀	1570
元久	1204
元慶	877
元弘	1331
元亨	1321
元治	1864
元中	1384
元徳	1329
元仁	1224
元文	1736
元暦	1184
元禄	1688
元和	1615
弘安	1278
弘化	1844
弘治	1555
弘長	1261
弘仁	810
弘和	1381
康安	1361
康永	1342
康応	1389
康元	1256
康治	1142
康正	1455
康平	1058
康保	964
康暦	1379
康和	1099
興国	1340
サ行	
斉衡	854
至徳	1384
寿永	1182
朱鳥	686
正安	1299
正応	1288
正嘉	1257
正慶	1332
正元	1259
正治	1199
正中	1324
正長	1428
正徳	1711
正平	1346
正保	1644
正暦	990

日本の年号候補・未採用文字案

凡例一　本表は、森本角蔵著『日本年号大観』（昭和八年、目黒書店）資料を参考に作成した所功「日本の年号文字総覧」（同六十三年、『年号の歴史』雄山閣所収）のうち、未採用文字案のみを橋本富太郎が抽出したものである。

二　漢字を音読み（漢音・呉音）し、列挙した。南北朝期の年号は、両方の未採用文字をあげた。

三　文字の後の数字は、候補として勘申された回数である。ただし「洪徳」「康文」「斉徳」「長祥」「同徳」「文寛」の勘申回数は、原本に異同があり、なお検討を要する。

安（上10・下15）　安延5　安化1　安寛2　安観2　安慶2　安恒1　安治2　安長9
安徳3　安寧1／永安16　皆安1　寛安33　享安1　建安3　元安2　至安2　順安1
大安2　徳安3　能安1　宝安2　万安13　明安5　陽安1

育（下1）　長育2

允（上1） 允徳1

運（下1） 広運1

永（上20・下13） 永安16 永基1 永吉3 永光1 永康2 永錫2 永受3 永昌1
永世1 永清1 永大1 永貞3 永禎3 永同1 永寧10 永平5 永宝5 永命2
永明2 永隆1／欽永1 慶永1 乾永2 堅永1 功永1 弘永1 正永10 長永2
徳永5 仁永2 寧永1 万永1 禄永1

延（上10・下10） 延嘉11 延化1 延弘1 延寿14 延祥1 延世7 延善1 延祚16
延仁3 延禄7／安延5 嘉延17 享延1 慶延8 元延4 寿延2 承延4 治延1
徳延4 寧延1

応（上9・下16） 応寛2 応観1 応休1 応久1 応元4 応平2 応宝1 応暦9
応禄1／寛応1 久応1 享応2 顕応5 弘応1 順応2 祥応2 昭応1 瑞応4
大応24 治応1 長応3 禎応1 仁応15 福応3 万応2

嘉（上14・下12） 嘉延17 嘉観7 嘉享8 嘉恵2 嘉高1 嘉康2 嘉彰1 嘉政4
嘉長2 嘉徳40 嘉仁1 嘉福7 嘉文1 嘉猷1／延嘉11 顕嘉3 元嘉1 建嘉1
柔嘉1 大嘉3 長嘉4 貞嘉1 天嘉3 徳嘉1 文嘉6 保嘉1

化（下13） 安化1 延化1 寛化1 久化1 元化3 興化1 昭化1 神化1 政化2 徳化1 仁化1 明化2 正化1

遐（上1） 遐長1

皆（上1） 皆安1

会（上1） 会同1

開（上1） 開成1

寛（上9・下8） 寛安33 寛応1 寛化1 寛久2 寛恵4 寛承2 寛寧2 寛裕15 寛禄9／安寛2 応寛2 承寛1 靖寛1 大寛2 天寛1 文寛5 養寛1

観（上3・下10） 観国1 観仁2 観徳5／安観2 応観1 嘉観7 元観3 正観2 大観2 長観1 天観9 文観7 宝観2

咸（上5） 咸章1 咸定1 咸寧2 咸保1 咸和6

監（上2） 監漢1 監徳8

漢（上1・下1） 漢徳1／監漢1

含（上1） 含弘1

紀（下1） 淳紀1

基（下1）永基1

熙（上1・下1）熙康1／文熙1

喜（上3・下4）喜慶1　喜元2　喜文1／元喜7　大喜9　長喜1　万喜2

亀（下2）大亀2　天亀6

義（上1）義同1

吉（下4）永吉3　元吉4　正吉1　貞吉2

久（上9・下9）久応1　久化1　久承11　久治2　久長4　久徳2　久保2　久暦1
久和7／応久1　寛久2　享久3　恒久13　祥久1　貞久11　天久5　徳久3　暦久2

休（上2）休祐2　休和1

烋（下2）応烋1　天烋2

求（下1）天求1

恭（上1）恭明1

享（上10・下5）享安1　享延1　享応2　享久3　享寿4　享正1　享長1　享宝2
享封1　享明4／嘉享8　順享1　天享2　文享1　明享1

教（下2）政教1　明教1

協（上2）協中1　協和1
業（下2）定業1　天業1
欽（上1）欽永1
啓（下1）天啓1
恵（下3）嘉恵2　寛恵4　天恵1
敬（上1）敬徳1
継（上2）継天3　継明1
慶（上6・下5）慶永1　慶延8　慶成1　慶治1　慶仁1　慶徳2／安慶2　喜慶1
　承慶5　大慶1　長慶2
見（下1）祥見1
建（上21・下8）建安3　建嘉1　建光1　建功1　建寿1　建初1　建承1　建正26
　建聖1　建大3　建太1　建中1　建定7　建貞1　建福1　建文7　建平5　建万2
　建明6　建禄2　建和2／弘建1　正建1　昭建1　治建4　天建2　徳建1　文建3
　明建1
健（下1）天健1

顕（上3）顕応5　顕嘉3　顕祥1

乾（上5）乾永2　乾亨1　乾綱1　乾天1　乾徳7

堅（上1）堅永1

元（上17・下9）元安2　元延4　元嘉1　元化3　元観3　元喜7　元吉4　元功1
元康1　元初1　元聖1　元長1　元貞1　元寧4　元宝2　元万1　元竜1／応元4
喜元2　弘元3　至元6　大元2　徳元2　文元15　養元8　和元14

玄（上1）玄通1

光（上1・下2）光文1／永光1　建光1

広（上1）広運1

康（上8・下7）康承2　康長1　康徳10　康寧4　康文2　康豊3　康万3　康楽4
／永康2　嘉康2　熙康1　元康1　大康1　文康4　平康3

弘（上8・下7）弘永1　弘応1　弘元3　弘建1　弘徳13　弘文1　弘保10　弘暦4
／延弘1　含弘1　正弘2　大弘1　天弘1　文弘13　万弘1

功（上1・下5）功永1／元功1　建功1　成功1　武功1　文功2

恒（上1・下1）恒久13／安恒1

拱（下１）垂拱１

洪（上１）洪徳４

厚（下１）仁厚１

考（下１）寿考２

高（上１・下１）高克１／嘉高１

洽（上１）洽和１

綱（下１）乾綱１

亨（下３）乾亨１　大亨７　貞亨１

興（上３・下３）興化１　興徳１　興文１／中興１　天興１　仁興３

国（下１）観国１

克（下１）高克１

載（上１）載徳２

斉（上４・下１）斉泰１　斉治１　斉徳１　斉万２／徳斉１

始（下１）文始１

祉（上１）祉長１

至（上6・下1）至安2　至元6　至正3　至聖1　至治2　至平1／政至1

錫（下1）永錫2

受（下2）永受3　天受3

寿（上4・下8）寿延2　寿考2　寿長2　寿徳1／延寿14　享寿4　建寿1　長寿4
天寿6　徳寿1　得寿1　養寿7

修（上1）修文1

柔（上1）柔嘉1

俊（上1）俊徳1

淳（上3）淳紀1　淳徳3　淳仁2

順（上5・下2）順安1　順応2　順享1　順治1　順明1／天順1　明順1

初（下3）建初1　元初1　大初4

叙（下1）天叙1

正（上9・下7）正永10　正化1　正観2　正吉1　正建1　正弘2　正仁1　正万2
正禄1／享正1　建正26　至正3　長正1　廷正1　貞正22　仁正1

昌（下2）永昌1　治昌1

章（上1・下2）　章明2／咸章1　平章2

祥（上4・下6）　祥応2　祥久1　祥見1　祥和1／延祥1　顕祥1　長祥12　禎祥2　文祥1　万祥3

紹（上1）　紹明1

彰（下1）　嘉彰1

勝（下1）　貞勝1

承（上8・下7）　承延4　承寛1　承慶5　承天7　承統1　承寧1　承宝12　承禄4／寛承2　久承11　建承1　康承2　大承3　文承20　宝承2

昭（上5・下2）　昭応1　昭化1　昭建1　昭長1　昭徳1／仁昭6　文昭15

神（上2）　神化1　神和1

慎（上1）　慎徳1

垂（上1）　垂拱1

綏（上1）　綏禄1

瑞（上1）　瑞応4

崇（上1）　崇徳1

政（上8・下8）政化2　政教1　政至1　政善2　政治7　政徳1　政平3　政和18
／嘉政4　大政1　治政1　天政1　徳政1　仁政1　明政1　和政1

世（下2）永世1　延世7

清（下1）永清1

靖（上1）靖寛1

静（下1）天静1

盛（上1）盛徳2

聖（下3）建聖1　至聖1　元聖1

成（上4・下6）成功1　成治1　成徳15　成和1／開成1　慶成1　天成7　仁成1
能成1　立成1

節（下1）天節1

善（下3）延善1　政善2　徳善1

祚（下3）延祚16　天祚3　徳祚1

聡（下1）天聡1

大（上24・下3）大安2　大応24　大嘉3　大観2　大寛2　大喜9　大亀2　大慶1

大元2　大康1　大亨7　大弘1　大初4　大承3　大政1　大中1　大長1　大仁1
大寧1　大武2　大平2　大万1　大暦7　大禄1／永大1　建大3　天大1

太（下1）建太1

泰（上1・下2）泰和2／斉泰1　平泰2

治（上10・下12）治延1　治応1　治建4　治昌1　治政1　治定1　治徳6　治平2
治万9　治和7／安治2　久治2　慶治1　至治2　順治1　斉治1　政治7　成治1
寧治1　有治1　養治5　隆治1

地（上1）地寧2

秩（下1）天秩2

中（上1・下3）中興1／協中1　建中1　大中1

澄（下1）天澄1

徴（下1）明徴1

長（上15・下18）長育2　長永2　長応3　長嘉4　長観1　長喜1　長慶2　長寿4
長祥12　長正1　長仁3　長寧1　長平1　長万1　長養8／安長9　遐長1　嘉長2
久長4　享長1　元長1　康長1　祉長1　寿長2　昭長1　大長1　仁長5　寧長2

文長24　万長2　明長1　暦長2　禄長3

通（下1）玄通1

貞（上7・下6）貞嘉1　貞吉2　貞久11　貞亨1　貞正22　貞勝1　貞徳3／永貞3
元貞1　建貞1　天貞3　保貞3　万貞6

禎（上2・下1）禎応1　禎祥2／永禎3

廷（上1）廷正1

定（上2・下6）定業1　定保1／咸定1　建定7　治定1　天定1　文定3　明定1

天（上37・下3）天嘉3　天観9　天寛1　天亀6　天久5　天休2　天求1　天亨2
天恵1　天啓1　天業1　天建2　天健1　天弘1　天興1　天寿6　天受3　天順1
天叙1　天成7　天政1　天静1　天節1　天祚3　天聡1　天大1　天秩2　天澄1
天貞3　天定1　天統2　天同1　天寧5　天祐14　天佑1　天悠2　天隆2／継天3
乾天1　承天7

統（下2）承統1　天統2

同（上2・下6）同徳1　同和1／永同1　会同1　義同1　天同1　文同3　和同2

道（下1）礼道1

徳（上18・下37） 徳安3　徳永5　徳延4　徳嘉1　徳化1　徳久3　徳建1　徳元2　徳寿1　徳政1　徳斉1　徳善1　徳祚1　徳仁1　徳保1　徳暦5　徳禄2　徳和9／安徳3　允徳1　康徳10　嘉徳40　漢徳1　久徳2　観徳5　慶徳2　敬徳1　乾徳7　監徳8　弘徳13　洪徳4　興徳1　載徳2　寿徳1　淳徳3　俊徳1　昭徳1　慎徳1　崇徳1　政徳1　斉徳1　成徳15　盛徳2　治徳6　貞徳3　同徳1　秉徳1　保徳3　輔徳1　万徳5　容徳1　竜徳1　立徳2　令徳1　和徳2

得（上1） 得寿1

仁（上14・下12） 仁永2　仁応15　仁化1　仁興3　仁厚1　仁正1　仁昭6　仁成1　仁政1　仁長5　仁宝5　仁保4　仁豊1　仁養4／延仁3　嘉仁1　観仁2　慶仁1　淳仁2　正仁1　大仁1　長仁3　徳仁1　文仁17　宝仁4　養仁3

寧（上5・下14） 寧永1　寧延1　寧治1　寧長2　寧和2／安寧1　永寧10　咸寧2　寛寧2　元寧4　康寧4　承寧1　大寧1　地寧2　長寧1　天寧5　保寧1　万寧5　和寧2

能（上2） 能安1　能成1

武（上1・下1） 武功1／大武2

福（上1・下3）福応3／嘉福7　建福1　万福2

文（上22・下9）文嘉6　文寛5　文観7　文熙1　文享1　文建3　文元15　文功2
文弘13　文康4　文始1　文祥1　文承20　文昭15　文長24　文定3　文同3　文仁17
文平2　文邦1　文万1　文隆1／嘉文1　喜文1　建文7　光文1　興文1　弘文1
康文2　修文1　宝文2

平（上4・下10）平康3　平章2　平泰2　平和3／永平5　応平2　建平5　至平1
政平3　大平2　治平2　長平1　文平2　和平7

秉（上1）秉徳1

輔（上1）輔徳1

保（上7・下10）保嘉1　保貞3　保徳3　保寧1　保佑1　保禄4　保和6／咸保1
久保2　弘保10　定保1　徳保1　仁保4　万保8　明保6　用保1　和保2

宝（上5・下9）宝安2　宝観2　宝承2　宝仁4　宝文2／永宝5　応宝1　享宝2
元宝2　承宝12　仁宝5　万宝4　明宝1　和宝2

邦（下1）文邦1

封（下1）享封1

豊（下2）康豊3　仁豊1

万（上15・下13）万安13　万永1　万応2　万喜2　万弘1　万祥3　万長2　万貞6
万徳5　万寧5　万福2　万保8　万宝4　万禄3　万和14／建万2　元万1　康万3
正万2　斉万2　大万1　治万9　長万1　文万1　明万1　養万3　暦万3　和万4

命（下1）永命2

明（上13・下8）明安5　明化2　明亨1　明教1　明建1　明順1　明政1　明長1
明徴1　明定1　明保6　明宝1　明万1／永明2　享明4　恭明1　継明1　建明6
順明1　章明2　紹明1

有（上1）有治1

猷（下1）嘉猷1

祐（下2）休祐2　天祐14

佑（下2）天佑1　保佑1

裕（下1）寛裕15

悠（下1）天悠2

養（上6・下2）養寛1　養元8　養寿7　養治5　養仁3　養万3／長養8　仁養4

陽（上1）　陽安1

容（上1）　容徳1

用（上1）　用保1

雍（上1）　雍和1

楽（下1）　康楽4

立（上2）　立成1　立徳2

隆（上1・下3）　隆治1／永隆1　天隆2　文隆1

竜（上1・下1）　竜徳1／元竜1

令（上1）　令徳1

礼（上1）　礼道1

暦（上4・下6）　暦久2　暦長2　暦万3　暦和1／応暦9　久暦1　弘暦4　大暦7　徳暦5　和暦1

禄（上2・下11）　禄永1　禄長3／延禄7　応禄1　寛禄9　建禄2　正禄1　承禄4　綏禄1　大禄1　徳禄2　保禄4　万禄3

和（上10・下20）　和元14　和政1　和同2　和徳2　和寧2　和平7　和保2　和宝2

和万4　和暦1／咸和6　久和7　休和1　協和1　建和2　洽和1　祥和1　神和1
成和1　政和18　泰和2　治和7　同和1　徳和9　寧和2　平和3　保和6　万和14
雍和1　暦和1

所　功（ところ いさお）

昭和16年（1941）岐阜県生まれ。京都産業大学名誉教授・モラロジー研究所研究主幹。法学博士（慶応大学、日本法制文化史）。編著に『皇室事典』（角川学芸出版）、『日本年号史大事典』（雄山閣）など。

久禮旦雄（くれ あさお）

昭和57年（1982）大阪府生まれ。モラロジー研究所研究員（平成30年4月から京都産業大学准教授）。博士（法学、京都大学、日本古代法制史）。

吉野健一（よしの けんいち）

昭和59年（1984）東京都生まれ。京都府立丹後郷土資料館学芸員。京都大学大学院文学研究科修士課程修了（日本近世政治文化史）。

文春新書

1156

元号（げんごう）　年号（ねんごう）から読（よ）み解（と）く日本史（にほんし）

2018年（平成30年）3月20日　第1刷発行

著者　所　功／久禮旦雄／吉野健一
発行者　鈴木洋嗣
発行所　株式会社 文藝春秋

〒102-8008　東京都千代田区紀尾井町3-23
電話（03）3265-1211（代表）

印刷所　理想社
付物印刷　大日本印刷
製本所　大口製本

定価はカバーに表示してあります。
万一、落丁・乱丁の場合は小社製作部宛お送り下さい。
送料小社負担でお取替え致します。

ISBN978-4-16-661156-0